こんな会社で働きたい

DEI編

ダイバーシティ　　　　エクイティ　　インクルージョン
（多様性）　　　　　　（公平性）　　　（包括性）

クロスメディアHR総合研究所

はじめに

　クロスメディアＨＲ総合研究所は、ビジネス書の出版事業を行うクロスメディアグループの「経営と人事」に特化した研究機関として発足しました。

　『こんな会社で働きたい』は、最初は地方の優良企業にフォーカスして、Uターン・Iターン就職を促し、地方創生を後押しすることを目的に2018年に誕生した書籍シリーズでした。第1弾の「千葉編」を皮切りに、「神奈川編」「大阪編」「広島編」「兵庫編」「石川編」「愛知編」など、計10冊を刊行しました。

　2020年からは、企業の取り組みをテーマとした「健康経営企業編」「ＳＤＧs編」がスタートしました。その中で本書は、企業が個人や組織に存在するさまざまな違いを認め、年齢や性別、セクシュアリティ、国籍、障がいなどにかかわらず、多様な働き方を実現する企業にフォーカスした、「DEI（Diversity Equity and Inclusion）」がテーマです。

　ダイバーシティな働き方を実現する先進企業は、どんなことをやっているのか。

　ぜひ、本書で取り上げる企業の事例から、ヒントを得ていただけたらと思います。

クロスメディアHR総合研究所

INDEX

INDEX

［カバーデザイン］
中多由香〔有限会社アイル企画〕

［本文デザイン・DTP］
中多由香、大谷達也、星野由夏、松岡敬志、川本怜〔有限会社アイル企画〕

1

なぜ、日本企業は、今DE&Iに取り組むべきなのか？

現代において、日本社会は多様性の増大という大きな変化に直面しています。

性別、年齢、国籍、人種、性的指向、障がいなど、

人々の持つ属性は多岐にわたり、従来のシステムでは、

その多様なニーズに対応しきれなくなってきています。

そこで企業から注目を集めているのが、

DE&I (Diversity, Equity & Inclusion) です。

今回の特集では、さまざまな組織でDE&Iの推進などのサポートをしてきた

立教大学の中原淳教授に取材。

「なぜ日本企業にDE&Iが必要なのか」「DE&Iを阻む3つの壁とは何か」「これ

から就職をする人たちは、どのように企業を選べばよいのか」について

お話を伺いました。

「DE&Iは
企業が成功するための
キードライバーになる」

プロフィール

中原 淳

立教大学経営学部教授。立教大学大学院経営学研究科リーダーシップ開発コース主査、立教大学経営学部リーダーシップ研究所副所長などを兼任。博士（人間科学）。専門は人材開発論・組織開発論。北海道旭川市生まれ。東京大学教育学部卒業、大阪大学大学院人間科学研究科、メディア教育開発センター（現・放送大学）、米国・マサチューセッツ工科大学客員研究員、東京大学講師・准教授等を経て、2018年より現職。「大人の学びを科学する」をテーマに、企業・組織における人材開発・組織開発について研究している。著書に『企業内人材育成入門』『研修開発入門』『組織開発の探究』（ダイヤモンド社）、『職場学習論』『経営学習論』（東京大学出版会）、『フィードバック入門』（PHP研究所）ほか多数。

🌿 「DE&I」は日本企業が生き残るための術

　日本は今、深刻な人手不足に直面しています。そうした状況の中で、DE&Iの推進は、企業が労働力を確保するために "やらざるを得ない必須の施策" になっています。そのあたりは、国際情勢とは事情が異なります。日本のDE&Iは、まったなしです。

　一方、働き手としては、「働きやすさ」や「働きがい」に関心を持つのは当然の流れといえます。「長時間労働が当たり前で、3日前に転勤の内示が出る会社で働きたいですか？」と聞かれたら、100人中100人が「働きたくない」と答えるはずです。

　男性も女性も、シニアも障がいを持った方も、新卒も中途入社者も、誰もが気持ちよく働ける環境を企業が提供できなければ、今後は労働力を確保できずに衰退してしまうでしょう。

　それに対して、働きやすく多様性を受け入れられる職場であれば、離職率は下がり、メンタルヘルスの観点でも有効だといわれています。自ら手を上げてキャリアを選び、人生を楽しめるよう、ウェルビーイングを高めながら働きたいと考えているのが、今の日本における個人のニーズです。そんな個人の働き方を実現することが、「労働力を確保したい」企業側のニーズの充足につながっていきます。

🌿 多様化だけを進めても、
　　イノベーションは生まれない

　組織に女性や障がい者のメンバーが増えると、革新的なアイデアが生まれると思われがちですが、私はいわゆるジェンダー、障がいの有無、

国籍といった「属性」が多様化する、いわゆる「属性的多様性（人口統計学的多様性）」が高まっただけでは、そうした成果は得られないと思います。それよりも「認知的多様性」です。認知的多様性とは「異なる視点や考え方を尊重し合えるかどうか」「互いに協力し合う体制を構築し合えるかどうか」です。こうしたものの考え方や見方が「多様化」し、それを許容していくことが重要です。そのための基盤になるのは、組織に「心理的安全性」があるかどうかです。ここでの「心理的安全性」とは、「思ったことを、皆の前で言ったとしても、相手から干されたり、刺されたりしない風土」と考えましょう。

　性別や身体的なハンデなどの違いではなく、考えの違う人同士がきちんと対話していけば、アイデアは生まれるものです。「属性の多様性」ではなく、「認知的な多様性」が重要であり、一人ひとりの考えが表出された対話が行われた際に、多様なアイデアが創出され、組織の多様性が広がっていきます。そのためには、言いたいことを言ったとしても、不利益を被らないと確信できる、「心理的安全性」のある環境が重要なのです。

　その意味で、DE&Iを推進している企業は、個人が成長の実感やスキルの研鑽ができる、キャリアに良い影響をもたらす環境と言っていいでしょう。逆に企業は、優秀な人材を採りたいのであれば、社員を選ぶのではなく、選ばれる存在だという認識を持つべきです。

DE&Iを阻む3つの壁を乗り越える

　日本の人口が今後さらに減少していくのは、避けられない未来です。良い人材が集まらずに事業が拡大できないどころか、立ち行かなくなるケースも実際に起きています。

街を歩いていると、飲食店の前に「人手不足のため開店できません」と張り紙がしてあるのはわかりやすい例ですね。良い人材に残ってもらうため、引き留めておくために、企業がDE&Iに取り組むのは当たり前というか、そうしなければ生き残っていけないところまできているのです。今後、DE&Iは企業が成功するためのキードライバーになってくると思っています。

　ただし、私はDE&Iには、次の3つの壁があると分析しています。

> ①理解度向上の壁
> ②行動変容の壁
> ③継続とインパクトの壁

　まず「①理解度向上の壁」を打破するには、トップのコミットメント、会社としてのコミットメントがなければ難しいと断言します。

「なぜ、DE&Iをするのか？」
「今、DE&Iに取り組む意味は何なのか？」
「なぜ、私たちがやるのか？」
「何のメリットがあるのか？」

　これら4つをトップの言葉で語らなければ、社員はついてきません。単純に言うと、「うちの会社が勝つためにDE&Iするんだ」とトップが語るべきなのです。そこまで言わないと、最前線で現場に出ている中間管理職はなかなか動けません。社会貢献的なパブリックミッションを語る

だけでなく、「うちの会社が得するんだ」と明言しなければ前に進まないのです。

コミュニケーション不足が、DE&Iを停滞させる

　トップが牽引するばかりではなく、社員の行動が変わらなければ、DE&Iの成果は出ません。それが「②行動変容の壁」です。

　この壁を乗り越えるには、社員がどんなに小さくても良いので、自分の仕事に紐づけてDE&Iを体現していくこと、つまり、組織の中にDE&Iの小さな実践者を増やしていくのです。

　特に中間管理職は、部下に接する頻度が高く、アンコンシャスバイアス（無意識の思い込み）によって思わぬトラブルやハラスメントを引き起こしてしまう可能性がより高いと言えます。

　例えば、育休明けの女性に対する配慮を考えて、負担が少なく比較的簡単な仕事をアサインしたとします。その結果、女性は自分を認めてもらえない、期待されていない存在だと感じて、やる気を削がれてしまう場合があるのです。

　決して差別しようと思っているのではなく、良かれと思っての善意の判断が、裏目に出てしまうケースは珍しくありません。アサインした側も、された側も、互いの真意が伝わらないまま仕事を進めていくと、「配慮したのに不服そうだ」「適当な仕事を押し付けられた」といった感情が双方に生まれ、溝が深まってしまいます。これを私は「配慮アサイン」と呼んでいます。

　このトラブルの原因は、コミュニケーション不足です。「自分からは言い出しにくいだろうから」「きっと大変だろうから」といった思い込み

で物事を進めずに、本人に直接聞けばいいのです。

「どれくらいできるのか」「やりたいと思っているのか」「あるいはどれくらいセーブしたいのか」など、本人の意向を聞くだけで解消されるはずです。その際は、気兼ねなく本音を話してもらうために、心理的安全性の確保も必要でしょう。このような地道な行動が、「②行動変容の壁」を乗り越えるために重要なのです。

シラケは数字で納得させる

最後の「③継続とインパクトの壁」に関してですが、DE&Iを進めていくと、必ず現場に"シラケ"が生まれます。

例えば、女性管理職を増やしたり、障がい者を優遇する施策を打ったりすると、その他の属性から不満の声が漏れ聞こえてきます。さらに、すぐに成果が出なければ、余計に不満は募るでしょう。それらと対峙するのも、やはり現場の中間管理職です。

こうしたシラケに対して、私は根気強く「そういうものなんだ」と日々伝えることにしています。DE&Iは社員が成果を実感できるまでに、5年はかかるという認識を持ち、継続するしかありません。

とはいえ、5年後までひたすら耐えるのは難しいので、数字で成果を伝えていくのが有効です。私がお手伝いしている企業でも、組織調査を定点で実施して数字で変化を示しています。

例えば男女で分けて、「上司からどんな仕事を割り振られているか」のアンケートを取り、女性はやりがいを感じられておらず、面白いと思えない仕事を任されているという結果が出たとします。

その後も定期的な調査を続けると、派手な変化は見えなくてもアンケ

ート結果に改善の兆しが見えはじめ、女性管理職の人数が少しずつ増えているなどの小さな成果を実感できるのです。

そういった小さな成功を、組織調査によって見える化し、要所で明確な数字として提示していくことが、DE&Iを継続させるための秘訣です。

大事なのは、組織の中で賛否両論が出るものに関しては、数字の力で納得させていくということです。具体的な数字を出して、「こんなに変わりましたよ」「これだけ得しましたよ」と言っていかないと、それぞれの意見が噴出して統率がとれなくなり、推進力が保てなくなってしまうのです。

DE&I推進企業・ソフトバンク

私がアドバイザーとして関わらせていただいている企業の中で、DE&Iに関する施策に特に力を入れているのはソフトバンクさんです。

同社では、社長を委員長とする「女性活躍推進委員会」をおき、人事部のDE&I推進部門が、各事業部門と連携しつつ、誰もが働きやすい職場づくりを目指し、部署ごとに目標を決めて実行し、毎年の調査結果を共有して、会社全体のプロジェクトとして取り組んでいます。同社ではDE&Iを推進して以降、社員の意識調査の結果が向上していたり、女性管理職が増えてきたりと、変化が出始めてきている状態です。成功の秘訣は、先ほども言ったように、やはりトップが自ら語って牽引していることです。会社として本気で取り組む理由、社員が取り組む意義を、社長自ら継続して言い続けていることが大きいです。

新制度を組織に浸透させる過程は、マーケティング理論の1つである「イノベーター理論」を応用するとわかりやすいと思います。

イノベーター理論では、はじめに市場全体の約2.5%を占める、新しいものを積極的に採用して推進する「イノベーター」と、全体の約13.5%を占める、流行に敏感で、新たな利益に注目する「アーリーアダプター」が新商品を取り入れます。

　さらに拡大し、全体の約34%（アーリーマジョリティ）が新しい商品を支持するようになると、残りの市場全体のうち約50%（レイトマジョリティ・ラガード）を占める、慎重で懐疑的な層も徐々についてくるのです。

　ソフトバンクさんでも、はじめから組織全体を変えようとするのではなく、男性と女性における仕事のアサインの実態や評価と登用の実態、労働環境の違いなど、あらゆる項目を見える化し、時間をかけて社員の理解を深めていきました。

　私がソフトバンクに伺うと感じるのは、「女性社員が元気」ということ

○ イノベーター理論の図

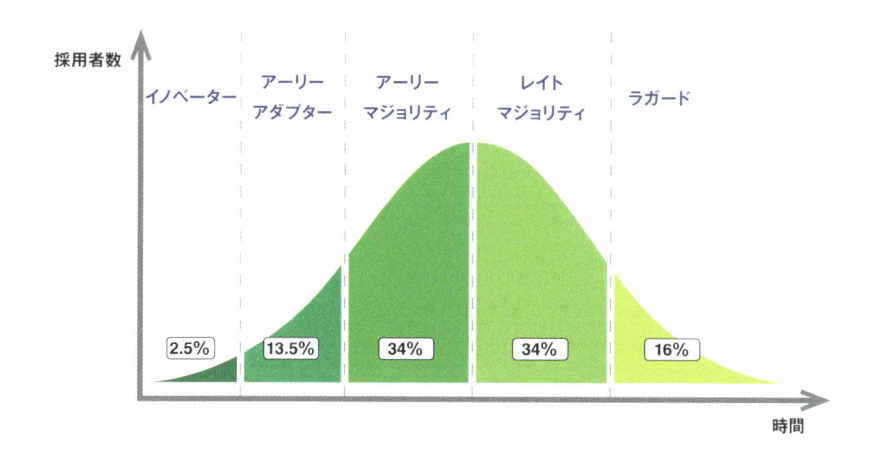

です。人がいきいきと働くには、単に公平性だけではなく、多様な働き方を尊重するカルチャーが重要だと思います。

　また、企業の中に女性管理職が増えていくと、「女性管理職」という言葉自体がなくなっていくことも見えてきました。管理職の半分が女性になれば、わざわざ「女性」とつける必要はないですよね。要するに、女性管理職という言葉は、女性管理職が少ないところで使われる言葉なのです。

　そうして少しずつ変化していった先に、当たり前に使ってきた言葉に違和感を覚えたり、自然と組織が変わったりしていく時が訪れます。それはすぐに実現するものではなく、辛抱強く待たなければ成果が見えてこないのです。

🍃 これから社会に出る人へ

　これから社会に出ていく人が就職先を考える際、まず気になるのは「給与」だと思います。

　できれば1万円でも、給料が高いところに行きたいと考えてしまいがちですが、私が伝えたいのは「給与は後からついてくるもの」ということです。

　では、何が先にあるべきなのか。それは「経験」です。

　自分が取り組みたいと思う仕事や、これから伸びていくと思える会社を選んで入社し、そこで積んだ経験は揺るぎない資本になります。資本を貯めてから転職すれば、給与はもちろん、生涯年収が上がる確率も高くなります。

　その場合に上がる金額は、数万円といったレベルではないので、初任給

の時点での1万円なんて、中長期的に見れば誤差と言っていいでしょう。

　他に重視すべきなのは、やはり「働きやすさ」です。自分が目指す働き方を、自分で選択できる会社を選んだ方がいいと、学生たちに伝えています。

　その一方、新社会人にしては破格の給与を提示されて、短いスパンで全国転勤があるハードな会社に就職し、数年で辞めてしまう人もいます。最近では、実際働いている社員のリアルな声を拾える口コミサイトもあるので、そうしたツールを上手に利用していきたいですね。

　また転職に関しても、個人的にはポジティブな転職はどんどん好きにしていいと思っています。なぜなら、自分のキャリアと人生を描き、そこに少しでも近づくための手段として転職をする人が増えていけば、企業のDE&Iがさらに進んでいくきっかけにつながっていくからです。

　反対に、「苦手な人がいる」「仕事がうまくいかなかった」などを理由としたネガティブな転職は、逆にキャリアや可能性を狭めてしまう場合もあるので、目の前の感情や事象にとらわれず俯瞰的に判断しましょう。

　一度きりの人生です。自分の人生とキャリアにとって何が重要なのかをよく考えて、給与やネームバリューなど、見せかけのメリットに惑わされずに自己選択できるといいのではないでしょうか。

こんな会社で働きたい

DEI経営
トップランナーの
実践事例

株式会社JTB

「心理的安全性」こそがDEIBの要。挑戦を楽しめるスピリットが
旅を通じた交流創造で、世界をつなぐ、つくる、つなげる

株式会社JTBってこんな会社！

　JTBは1912年の創業以来、旅を通じた「価値ある出会い」を創造し続け、お客様の笑顔のために尽力してきました。

　同社では2007年よりDiversity推進に取り組み、2023年からはJTB Group DEIB Statement「違いを価値に、世界をつなぐ。」のもと、DEIB（Diversity, Equity, Inclusion, Belonging）を推進しています。"人財こそが宝物"であり最大の資産。一人ひとりが自分らしく輝き、活躍できる企業風土の実現を目指すその取り組みは、「社員一人ひとりがD&I推進を担う個として積極的に活動しているD&I先進カンパニー」と対外的にも評価され「D&I AWARD 2024」にて、最高位の「ベストワークプレイス」に認定されています。

地球を舞台に、
人々の交流を創造し、
平和で心豊かな
社会の実現に貢献する。

代表取締役
社長執行役員　**山北 栄二郎**様

一人ひとりが最大限の力を発揮し、お客様や社会の期待を超える

　多様性を尊重し組織の強みにつなげるDEIBの思想性は普遍的なものであり、JTBグループがビジネスを進めていく上でも、必要不可欠な価値観です。

　多様な人財の経験、知識や価値観をぶつけ合い、多様なニーズに合った商品、サービスを創り出していくために、DEIB（多様性・公平性・包括性・帰属性）はグループ全社をあげて、社員全員が取り組んでいかねばならないテーマです。多様（Diversity）であることが大きな力になり、お客様や社会の期待を超える価値を生み出していく。そのためには、それぞれの特徴を持った人々が最大限の力を発揮できるような環境を整えていかなければいけません。

　多様な人財の活躍には、単に平等性を確保するだけでは不十分で、個々の違いに応じて、力を発揮するために不足している部分を補ったり、機会を創出したりすることで、個々の人財が輝ける土台をつくること、すなわち公平さ（Equity）を大切にすることが必要です。同時に多様な人財が組織で活躍できる働き方や制度を整えることにより、包括性（Inclusion）を高めていく必要があります。さらに一人ひとりがありのままの自分でいられ、組織、グループや何らかのテーマの一員として居場所があると感じられること（Belonging）によって、エンゲージメントが高まり、より良いパフォーマンスを実現できると考えています。

　その前提にはウェルビーイングやコンプライアンス、そしてリスクへの敏感な感性が必要です。

　企業経営の根幹にDEIBを据え、個々が最大限の力を発揮し、お客様や社会の期待を超えるために挑戦し続けること。そういった企業としての姿勢と私たちが取り組んでいく幅広く多様な事業を社会に伝えていきます。人々の持続可能な幸せを実現するために、ONE JTBでもう一歩前へ、持続的な成長を目指して進んでいきます。

DEIB交流会

社員とDEIB役員が全国各地を訪問し、社員と直接対話するコミュニケーションの場。お客様の実感価値の追求に向けて、会社の経営方針や考えを伝えると同時に、社員の声を受け止め、双方向のコミュニケーションを生み出すことで、グループ全体の一体感の醸成にもつながっています。

多様な交流による、新たな価値創造を

持続可能な未来に向けて、JTBグループでは「DEIB」を推進します。

常務執行役員
DEIB担当
人財開発担当
働き方改革担当
（CDEIBO）
髙﨑 邦子さん

全社で「DEIB」に注力するJTB。一人ひとりが積極的に活動する秘訣について、DEIB担当執行役員の髙﨑さんに話をうかがいました。

DEIにBを加える意味と
DEIBを自分ごとにする取り組み

JTBグループでは「違いを価値に、世界をつなぐ。」をJTB Group DEIB Statementとして掲げており、DEIにB（Belonging）を加えていることが特徴です。Belongingは一般的に「帰属性」と訳されますが、私たちは「心理的安全性」と表現しています。

社員が安心して新しいことに挑戦し、自由に意見を言える環境こそがすべての基盤です。「皆で支えているから、恐れず挑戦してみよう」という姿勢を全社で共通認識にすることで、多様性、公平性、包括性を高め、一人ひとりが本来の力を発揮しやすくなると考えています。

DEIBを推進するためには、社員が"自分ごと"として意識することが必要です。トップダウンで進めると、社員が「DEIB」という言葉を難しそうだと感じたり、自分に関係があるのかと疑問に思うこともあるでしょう。トップダウンとボトムアップの両面から浸透を図ることで、地に足をつけて一歩ずつ進めています。

例えば、JTBの在りたい姿を言語化した「*ONE JTB* Values」は、約9,000人の社員にアンケートを実施し、多くの議論を重ねて、「信頼を創る」「挑戦し続ける」「笑顔をつなぐ」の3つに定めました。全国で開催する「DEIB交流会」では、社員と会社の対話を通じて「信頼・挑戦・笑顔を実現していくためには何が必要だろう？」をテーマにディスカッションし、社員一人ひとりに考えてもらうことで理解を促進する機会も提供しています。

DEIBの鍵はエンゲージメント
交流でモチベーションを高める

DEIBを推進する目的はエンゲージメントの向上です。JTBにとってのエンゲージメント向上の対象とは、6つのステークホルダー「お客様、パートナー企業、将来世代、地域社会、株主、社員」です。

旅を通じた「出会い」を「交流」へ昇華させ、私たちにしかできない「交流」を創造し続けるには、すべてのステークホルダーとの信頼関係とお互いの成長に貢献し合う関係性づくりが必要不可欠です。特に将

JTB Group DEIB Statement
違いを価値に、世界をつなぐ

D — Diversity　多様性

私たちは年齢、性別、人種、経験、文化などあらゆる多様性を尊重します。
多様性を、広い視野、イノベーション創出につながる価値としてとらえます。

E — Equity　公平性

私たちは一人ひとりが輝くために、立場や属性にかかわらず、
必要な情報と機会を平等ではなく公平に得られる環境を実現します。
個々に応じた必要な仕組みを活用し、誰もが皆、活躍していく場を創っていきます。

I — Inclusion　包括性

私たちは多様な意見や経験、持ち味を活かして、誰もが活発に自分らしく輝ける「つながり」を育みます。
お互いのポテンシャルを引き出し、個々では成し遂げられない成果を仲間と共に実現していきます。

B — Belonging　心理的安全性（帰属性）

私たちは一人ひとりが皆、安心して自分らしさを発揮できると感じられる場を共に築きます。
やりがいと誇り、向上心を持った仲間と互いを高め合い、
挑戦していくことでこれまでにない新しい価値を創造していきます。

来を担う未来世代のモチベーションを高める交流は、サステナビリティの観点でも重要です。

社員主体の取り組みで生まれた組織風土改革のうねり

JTBグループのDEIB推進において、最も"JTBらしい取り組み"は、「Smile活動」です。この活動は2018年にスタートした組織風土改革のひとつで、「一人ひとりが働きやすい・働きがいのある組織は自分たちでつくっていく」ことを柔軟に進めていく取り組みです。

全国約150ある個所ごとに個所長が「カルチャーを一番変えられると思う人」を「Smile委員長」に任命。委員長と委員を中心に、「サンクスカード」、「キャリアセミナーの開催」、「新しい働き方への挑戦」など、多様な活動を自主的に展開しながら、コミュニケーション活性化と組織力強化に取り組んでいます。

開始当初は「Smile活動するよりも営業に行く方がいいのでは？」との声も聞かれましたが、皆が活き活きと働き、退職者の減少などの効果が見え始めると、一気に理解が進み浸透していきました。成功事例とともに、自律的に取り組む事業所も増え、活動が着実に広がり、一人ひとりのエンゲージメント向上につながっています。

多様性という宝物を活かし新たな世界、新たな力を提供する

DEIB Statementの中の「違い」を英語で「Treasure the Difference,」と表現しています。多様性は「宝物」であり、社員一人ひとりの違いが新たなアイデアや価値、発想や解決策を生む原動力だと考えるからです。自分とは違う人がいること自体が価値であり、宝物です。

価値観や思いの違いが交流創造を促進し、世界中を「つなぐ、つくる、つなげる」ことを目指しています。新たな世界、新たな力を提供する企業として価値を発揮できることを北極星として進んでいきます。

数字、認定、JTB社員意識調査から見る
JTBグループのDEIBの現在地

2007年「ダイバーシティ推進室」を発足させ、いち早く体制、環境を整備してきたJTB。その現在地とこれからを探ります。

障害者雇用率
2.54%
（2024年3月現在）

法定雇用率2.5％を超え、定着率も99％となっています。特例子会社JTBデータサービスと連携し、ITの力も借りながら、企画や事務なども含め、幅広い業務で活躍しています。

女性管理職比率
38.1%
（2024年3月現在）

日本全体の女性管理職比率が13％に満たない中で高水準ですが、女性社員が6割と考えるとまだ物足りない数字。目標の41％へ向け、さらにDEIBを推進していきます。

育児休業取得率
男性 76.4% 女性 100%
（2024年3月現在）

男性の取得も当たり前の世の中。通常の「育休」とは別に「産後パパ育休制度」を設けるなど取得推進を強化しています。男女問わず、取得率100％を目指しています。

2024年度 社員意識調査 DEIB指標
「私の部門では、一人ひとりの視点や価値観が尊重されている」

78.1%

受賞歴・各種認定

- くるみん認定企業グループ4社で取得
- 女性活躍推進法に基づく「えるぼし」認定グループ7社で取得
- ダイバーシティ経営企業100選
- 「D&I AWARD」ダイバーシティスコア：96点/100点
- PRIDE指標2024 Gold認定
- グッドキャリア企業アワード2020 大賞（厚生労働大臣表彰）

DEIBを推進する組織への風土改革

個が尊重され、互いに高め合える
企業風土づくりのために活動する
DEIBチーム。その内容と思いを
事務局長にうかがいました。

DEIBチーム
チームマネージャー
DEIB推進
事務局
芦原さん

DEIB推進「5つの活動軸」で築く「働きがいと働きやすさ」

　DEIBチームは、さまざまな部門と連携しながら「5つの活動軸」（組織開発支援・ワークスタイル変革・キャリア開発支援・障がい者の定着と活躍支援・ジェンダー平等）でDEIBを推進しています。

「組織開発支援」では、「Smile活動」や「DEIB交流会」をはじめ、グループ内のコンサルティング機能を活用した「組織開発プログラム」を展開しSmile活動の伴走支援も実施しています。

　また、「ワークスタイル変革」では、「JTB Group WORK Style ～いつでも どこでも働ける柔軟で自律的な働き方の実現～」をテーマに、テレワークやワーケーションといった働き方の多様性を支える制度整備を

はじめ、社員同士やパートナー企業の方々と"共創"をする環境整備も進めています。「ジェンダー平等」では、ライフイベントに対応する「プラス・フォーラム」をはじめ、女性活躍推進の取り組みとして「なでしこフォーラム」の開催、LGBTQ＋の取り組みでは社内のAllyネットワーク「PRISMee」の活動なども実施しています。

　こういったさまざまな取り組みは、毎年12月に開催する「JTB DEIB Week」でより詳しく社内に伝えています。Weekを通じて、社員の皆さんが日々何気なく実践していることが、「実は、これってDEIBを実現する行動につながっているんだ」と気づいてもらうことで、DEIBって難しいことではなく、日々の自身の行動が企業のベクトルと一致していることを認識してもらえれば、それは自信につながります。

　DEIB推進の目的を、社員のエンゲージメント向上を起点に考えることで、他のステークホルダーのエンゲージメント向上につなげていきたいと考えています。一人ひとりの個性が尊重され、互いに高め合える企業風土こそが、持続可能な社会の実現に貢献すると確信しています。

違いを**価値**に、世界をつなぐ。
Treasure the Difference, Bring the World Together

DEIB 5つの活動軸

キャリア開発支援
組織開発支援
障害者雇用と活躍支援
ワークスタイル変革推進
ジェンダー平等

DEIB
JTB GROUP

キャリアの可能性を広げる
JTBグループ人財交流共通制度と多様な働き方

人財交流共通制度
広報業務にチャレンジ

グローバルマーケティング&トラベルイベント・
コンベンション営業部　兼
ブランド・マーケティング・広報チーム
オウンドメディア編集担当
中村さん

希望部署で成長を実感！

挑戦を支える人財交流共通制度

　2016年に新卒でJTBグローバルマーケティング&トラベルに入社し、一貫して国際会議課の業務に携わってきました。もともと「JTBの魅力を社内外に伝え、ファンを増やしたい」との思いがあり、人財交流共通制度に応募しました。2024年度は元の業務に80%、JTBの広報業務（オウンドメディア）を20%のバランスで兼業しています。

　人財交流を目的とした制度で、社員が希望部署に挑戦できます。今年度は145コースが設定され、選考は書類と面接で実施。キャリアデザインの良いきっかけになっています。

　広報業務ではJTBグループ全体の活動に触れ、視野の広がりと新たな学びを得られました。任期終了後は、どこの部署に配属になってもJTBの良さを伝える仕事を続けたいです。

人財交流共通制度
Web業務にチャレンジ

Web販売事業部 営業推進部
マーケティング課
野上さん

地域に新しい視点と人脈を！

お客様の期待に応えたい

　2018年に新卒入社後、盛岡支店に配属され、2年目から地域交流事業とBPO業務に携わってきました。2024年4月に本制度を活用してWeb販売事業部へ異動し、Web広告の運用を担当。元の業務とは畑違いですが、ひとつずつ経験を積み重ねています。

　異動を希望したきっかけは、スキル不足を感じたからです。お客様とともに地域課題の解決に取り組んでいた中、課題解決の環境は整っているのに、力不足で十分な価値を提供できていない。それを痛感し、成長を求めて制度を活用しました。

　将来的には、今回培ったマーケティングの視点や人脈を活かして、地元地域に貢献したいです。この挑戦を大きな成長の機会にし、まずは自身の実務で価値を生み出していきたいと思っています。

JTBは、自分をさらに成長させたいという意志を尊重します。
グループの垣根を超えた「人財交流共通制度」の他、
「働きがい」について迫ります。

人財交流共通制度
生成AIの取り組みにチャレンジ

旅行営業から

一転して、

生成AI活用の

推進担当へ

データ
インテリジェンスチーム
鈴木さん

　法人・学校・行政向けの営業から、2024年に異動。現在は生成AIを活用したアイデアの具現化やアプリ開発支援など通じて、業務改善を推進しています。異動後は挑戦の連続です。時には挫折も覚えますが、学習環境とサポートのおかげで、充実した日々を過ごしています。

多様なキャリアパス

自ら動くことで

キャリアは広がる

- ●キャリア変遷
法人営業→仕入営業
→商品造成部門
→（グループ外出向）
→DEIBチームへ

DEIBチーム
グループリーダー　**小澤**さん

　JTBでは自分のキャリアビジョンを明確に持ち、自ら動くことで環境を大きく変えていけます。「社員の成長・活力が企業グループ及び各事業の成長・飛躍・変革を支える」という基本理念にもある通り、個人の意見を尊重した一人ひとりのキャリア自律を築くことが可能です。

障害者雇用と活躍

名古屋事業部
営業推進課
馬場さん

挑戦したい気持ちを大切に。
やればできる！と言われる職場

　新卒での配属先は、初めて障がい者を受け入れる個所であったこともあり、限られた仕事をこなす日々でした。その中でキャリアアップを目指し、仕事の幅を拡げていきました。
　現在のJTBグループは、障がいの有無にかかわらず個人の意思と能力を大切にしてくれます。自身のミッション・できること・やりたいことを整理し、ありたい姿を描くことが未来につながっていると感じます。

環境に合わせて活き活きと働ける

JTBが大好きと社員が口にする理由

女性管理職　チーム全員子育て世代

（株）グッドフェローズJTB
経営戦略部担当部長　**東原**さん

自分もメンバーも、
楽しく働ける環境づくりが私の使命

　子どもが生まれて産休・育休を取得した後、再びフルタイムで復職しました。もともと仕事をするのが好きで、毎日時間を最大限に活用し働いていましたが、いまは子どもの送迎に合わせて勤務時間帯を調整し、子どもが病気の時は1時間単位で有休を取得する制度を活用しながら柔軟に働いています。

　チームも全員が子育て世代なので「家庭第一」で、それぞれの家庭や仕事についてフラットに共有し理解し合いながら働いています。女性活躍に向けた意見も募りながら、誰もが働きやすい環境づくりを進めています。

男性育休　周囲からいいねの後押し

6か月の育休を経験して、
アップデートされた働き方

　これまで2回の育休を取得しました。1回目は妻の体調を考え、かつ子どもの成長を一緒に見守りたい思いから6か月取得。職場も「いいね」と後押ししてくれ、感謝しています。2回目は業務の進め方が変わり、1人でしていた業務を複数名で担当するスタイルになったことで、より生活と仕事を両立しやすい環境になりました。

　生活は送迎など、子どもの時間を中心に組み立てるように変化していますが、仕事はデジタルツールの活用で業務の効率化ができています。不妊治療やベビーシッターの補助制度もあり、安心して働ける環境です。

ビジネスソリューション事業本部
第五事業部 営業第二課
グループリーダー　**厨**さん

一人ひとり環境は違います。
その中で自分らしく活躍するためのサポート体制があります。
子育て支援をはじめ、JTBの「働きやすさ」に迫ります。

地元で住職！　ふるさとワーク制度

浄土真宗本願寺派
正福寺住職

ビジネスソリューション事業本部
東京中央支店 営業推進課
特命リーダー 大阪・関西万博営業推進
（大阪在住）
末本さん

会社員をしながら実家では住職

ふるさとワークで二刀流の活躍

　ふるさとワークは、会社に登録した居住地を中心に働ける制度です。私はもともと東京勤務でしたが、実家の家業であるお寺の住職を継ぐため、地元の大阪に戻り、制度を利用しました。

　平日はリモートワークを中心に東京の営業業務をし、休日は住職をしています。対面重視の営業は多いですが、実際にやってみると仕事はどこでもできると実感しています。

　ただ、こうした家業と両立した働き方が成立するのは、周囲の理解があってこそです。当たり前の権利と思わず、会社や同僚に感謝し、さらに貢献できるよう努力していきます。

教師から転職　キャリア採用からの活躍

英語教師から旅行業界へ転身

いつか海外でスタディツアーを

　公立高校で3年間英語教員を務めた後、2024年に第二新卒枠でJTBに転職しました。現在、教員時代の経験と教育への情熱を活かし、群馬支店の教育営業課で修学旅行や校外学習の企画・運営に携わっています。

　転職の理由は「ずっとやってみたかった仕事を諦めたくない」という思いからです。快く後押ししてくれた前職の上司や同僚への感謝が、今の私の原動力です。JTBの幅広い業務内容と柔軟な働き方を活かし、将来的にはアフリカや北欧への教育旅行やスタディツアーにも挑戦したいです。

JTB群馬支店　　**宮川**さん

DEIBをより身近に、自分ごとに
DEIB推進全社イベント紹介

JTB DEIB Week

「JTB DEIB Week」（2022年度まで「JTB Diversity Week」）は、12月3日の国際障害者デー及び日本での障害者週間を背景に、ダイバーシティに対する意識啓発が高まる時期に合わせて、社内でDEIBを推進する機会として2018年度より実施。2024年度は、JTBグループが推進する「DEIB」について社員の皆さんの身近にDEIBはあり、重要であると認識してもらう機会として、4日間にわたり開催しました。

JTB DEIB Week 2024 DAY1

JTB DEIB Week 2024 DAY2 チャレンジドデー

ALL JTB AWARD

2023年、JTBグループはリブランディングを始動させました。私たちが新たに目指すのは旅行業を超え、"地球を舞台に「新」交流時代を切り拓く"ことです。

このビジョンの実現に向け、JTBグループ内で最も企業価値の向上に貢献した社員を表彰するのが「ALL JTB AWARD」（AJA）です。世界中から集ったリーダーシップメンバーや受賞者など約350名の社員に加え、オンラインで全世界にも配信。2024年は復興支援の一環として、石川県で開催しました

参加350名。オンライン視聴約800名

授賞式後に社長、役員と喜びの一枚

『違いを価値に世界をつなぐ。』DEIB推進から生まれたプロジェクト

JTB Brighter Earth Project

JTB Americas Groupは2023年よりグループ全体のイベントとして、ボランティア活動「Brighter Earth」をスタート。

リモートワークで顔を合わせる機会が限られている中、こうした対面イベントを通して異なるチーム同士の交流を促進し、グループの一体感や相互理解を深めています。

DEIB推進のステートメント『違いを価値に、世界をつなぐ。』のもと、お互いを知り、つながりを築いていく中でコミュニケーションの強化、チーム力の強化にもつなげています。

社員の家族も参加できて楽しめる

この活動は世界各地へと広がっています

OYACONET-QUEST® （おやこねっと くえすと）

社内の新規事業公募制度「JUMP!!!」を通過した「OYACONET」は、「子どもたちの学びの機会を創出すること」を目的に、担当者自身の仕事と子育ての経験から生まれた事業です。

事業化した時、担当者は50歳。長年、教育旅行営業に携わる中で抱いていた思いを、形を変えて何度も応募した結果つかみ取ったチャンスでした。

JTBグループには、いくつになっても挑戦をし続け、その実現を後押しする制度と風土が根づいています。

企画開発プロデュースセンター 担当部長 高岡さん（左）
バンコク支店
グローバルビジネスソリューション事業部長 川口さん（右）

● 商品説明　　©&® UCS LLC and HC LLC
主に小学生を対象として、世の中のさまざまな場所、モノ、コト、情報との出会いを楽しみながら学びにつなげることができるよう、クエスト（ミッションチャレンジ）様式に仕立てた体験型教材。

※OYACONET-QUESTは㈱JTBの登録商標です

株式会社サトー

「自動認識ソリューション」で現場課題を最適に解決！
ダイバーシティ宣言を発信し、社員一人ひとりが働きやすい会社へ

株式会社サトーってこんな会社！

　株式会社サトーは、バーコードやRFIDなどの情報を自動で認識し、入出力をする「自動認識技術」を駆使し、あらゆるモノや人に情報をひも付け可視化することで、現場の課題を最適に解決する「自動認識ソリューション」を提供しています。

　1940年に創業以来「あくなき創造」を社是として、変化する時代や社会のニーズに合わせ、お客様の課題解決のために工夫を重ねてきました。現在は国内46拠点、海外75拠点と、サトーの開発力から生まれた商品は、日本のみならず世界へも展開しています。

　2011年に「ダイバーシティ宣言」を発表。社員一人ひとりの個性を尊重し、働きやすい職場環境の整備に注力しています。世界中の顧客ニーズに応えながら、時代の変化に合わせ、持続可能な企業であり続けます。

今も昔もつくるものは
"必要とされるモノ"
「あくなき創造」を胸に
変化を喜ぶ心を持ち、
これからも挑戦し続ける

代表取締役 社長執行役員
グループCEO　小沼 宏行さん

"必要とされるモノ"を
80年以上つくり続けてきた

　1940年の創業以来、価値を創造し社会発展へ貢献すべく歩んできました。私たちは、時代の流れに応じて最適なサービスを提供し、80年以上にわたり"必要とされるモノ"をつくり続けてきた自負があります。

　例えば、主力商品であるラベルプリンターも、長年にわたり必要とされてきました。この先プリンターという商品がどのような形に変化しようとも、我々の持っているタギング（モノや人に情報をひもづける）の技術は別の業界で応用ができ、その都度お客様や社会の課題解決へ役立てられると考えています。

時代は変化している、
我々も変化を楽しみながら進む

　2023年4月の社長就任後に、経営スローガンとして「非形式主義」と「共創」を掲げてきました。前例にとらわれず、今までより熱量高く価値をお届けすることを目指し、「大企業病を極端に恐れよう」と社員に伝えています。事業領域の権限移譲や、高い機動力を発揮できる組織づくりに尽力し、変化を恐れずに進んでいく姿勢は、社

内カルチャーとして根づき始めています。

　いわば縁の下の力持ちとして成長してきましたが、時代の変化と共に、提供するモノ自体に価値が出てきたと感じています。今後は、より多くの人に直接届く商品領域へと進出する可能性が大いにあります。それにより技術の向上やソリューションの変化が期待できるだけではなく、この業界を目指す人財が増えるのではないでしょうか。

「サトーならば私は輝ける」
期待と実感を提供できる会社へ

　当社は個人の人種、性別、国籍、文化、宗教、年齢、学歴、障がいなどにかかわらず、個人を尊重し、それぞれが活躍できる社内制度や風土の実現を目指しています。

　例えば、「会社を良くする創意・工夫・気づいたことの提案や考えとその対策の報告」を三行にまとめて経営トップに報告できる「三行提報」、仕事内容や状況に応じた働き方ができる職場環境、パパ・ママ育休取得制度など、バックグラウンドが違う人たちが安心して活躍できるように環境整備に注力しています。

　「サトーならば私は輝ける」と感じながら仕事ができる。そんな期待と実感が、良い仕事へつながっていくと思っています。

45年以上の歴史
会社の成長を支える「三行提報」とは

サトーグループで行われている独自の制度として「三行提報」があります。経営トップに向けて送る三行の文章。一体どのようなものなのでしょうか。きっかけとともに狙いをひも解きます。

秘書部長　渡辺さん

1日三行の日報で
全社の視点を糾合する

「三行提報（さんぎょうていほう）」とは、サトーグループに45年以上受け継がれている独自の制度です。社員が毎日経営トップに宛てて、会社を良くするための創意工夫や気がついたことの提案や考えとその対策の報告を三行（100〜150文字）にまとめて提出する取り組みです。

1976年に創業者の佐藤陽氏が、「ハンドラベラー」がベストセラーになったことで忙しくなり、日々会社で何が起こっているのかを把握できなくなってきたことを背景に始まりました。当時は管理職を対象に、業務日報を書くように指示していました。社員数の増加と共に枚数も増え、すべてに目を通すのが難しくなったためサマリーとして三行で書くようになったのです。

毛細血管のように行き渡り
変化、ヒントを見逃さない

会社を永続的に発展させていくためには、経営者一人の視点だけではなく、社員の協力が必要であり、直接社長に提言することで会社運営を補佐してもらうことを目的と

して、現在まで受け継がれています。

三行提報はサトーにとって"毛細血管"のようなものです。会社の隅々まで張り巡らされ、さまざまな情報が提出され、提報がきっかけとなり、小さな変化が日々起こります。提出者にとっては小さな点でしかない情報でも、社長にとっては、週報などそれ以外のすでにインプットされている情報と合わさることで創発効果が起こり、社会の変化にも即時対応できるのです。

今後もAI技術と組み合わせながら、集まった声を精査し、サトーの力にしていきます。

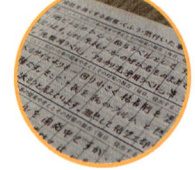

かつては手書きでした！

三行提報からのアウトプット
「ハンズフリー」入室ソリューション

三行提報をきっかけに、新商品の開発や人財獲得を目指す機会の創出など、さまざまな可能性を広げています。その一例をご紹介します。

提案者

国内営業本部
新市場戦略部
坂上さん

手を使わずに覗き込むだけで、個人認証と体温チェックを同時に実現できるシステムです。食品製造業のお客様の声をヒントに2017年に提報で提起。そこからニーズの確認と技術の市場調査を行い、展示会用にソフトを開発。デモ環境を整えると2018年には各種展示会に出展、顧客提案というスピード感でした。現場のニーズに合ったこの入場管理システムは、すぐに注文を受け、企業の課題解決とサトーの成長に寄与しています。

お客様のニーズは
新しい商品のヒント

三行提報から生まれた商品、サービスの1つが、虹彩認証と体温チェッカーを用いた、工場向けの「ハンズフリー」入室ソリューションです。

食品製造業のお客様のもとを訪れた際、外来者にも体温測定義務が常識になりつつあり、測定にかかる時間の負担、なりすまし防止のニーズ、衛生面での不安などの話を聞きました。そこで課題を解決するべく、虹彩認証による個人認証と体温管理が一度にできるシステムがつくれないか、と三行提報で提案したのがきっかけです。

さまざまな情報や意見を組み合わせた結果、実現できると判断しプロジェクト化。素案の提案から、システム化、実地でのテストを経て商品化へと進み、販売を実現することができました。

三行提報を通して、現場の声を直接社長に伝えられ、その声に前向きに取り組んでもらえたことは本当に嬉しかったです。

「社員の声」を次々に反映させる

事業内容だけをみると、堅いイメージがあるかもしれませんが、実際には社員一人ひとりの声を否定せずに聞いてくれる空気感がある会社です。やりがいや働きやすさを実感できています！

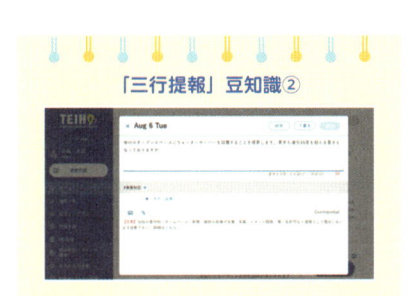

「三行提報」豆知識②

提出された「三行提報」はデータベース検索が可能。また、興味のあるキーワードを登録すれば、その情報をまとめて受信することができます。

三行提報 からのアウトプット 「新卒採用サイト」

コーポレートサイトに関する三行提報を読むことで、採用サイトの改善を着想しました。友人が勤める会社の採用サイトを見てみると、ワクワクするような工夫が盛り込まれており驚きました。三行提報で他社との比較報告や改善案を提出したところ、サイトのアップデートがプロジェクト化されました。新卒1年目ならではの就活生目線に立った提案ができたと思います。

サトーの商品は世の中のあらゆる場所で活躍している一方で、会社の認知度は高くありません。まずは就活生に知ってもらうことが、やがて社会全体へのサトーの認知につながると感じています。【採用サイト→就活生人気上昇→会社認知度向上】。こうした好循環が生まれることを期待しています！

今後も新人ならではの視点を大切に、三行提報に取り組みたいです。

> 三行提報は①課題発見力②思考力③文章力を培うことができます。これらの力は、必ず仕事においても活きると信じています！

国内営業本部
新潟営業所
大関さん

提案者

三行提報 からのアウトプット 「国際女性デーを祝うSNS投稿」

3月8日の国際女性デーを祝うため、女性たちが多様性、包括性、成功した事例、サトーの価値などを表現する動画を撮影、SNSに投稿することを提案し、評価をいただきました。SATO France S.A.S.（サトーフランス）には才能のある女性たちが多く働いており、会社に深く貢献しています。その活躍を紹介することで、グループ全体にもその輪が広がってほしいと思いました。将来的には、女性のリーダーシップクラブを立ち上げたいと考えています。

三行提報は多くの人とアイデアを共有し、実現につなげるチャンスでもありますし、さまざまな視点からの意見があり、日々、新しい発見をもたらしてくれます。「変化を喜ぶ。現状維持を選ばない」という姿勢で、サトーの変革を担う一員として、今後も貢献していきたいと思っています。

> 自分の提案が他の人に受け入れられ、魅力的だと支持されることに、やりがいを感じます！ そして満足感にもつながります！

サトーフランス
人事・財務部門
**ビレナム・
アグナラ**さん

提案者

「三行提報」海外事情
日本で生まれた「三行提報」は現在、欧州、アジア、オセアニアなど世界のグループ拠点において導入され、日々、活発な提案・報告が寄せられています。

創造するオフィス

特にコロナ以降は働き方の多様化が進み、サトーでも積極的な環境改善の取り組みを実施しています。2020年11月に、本社を目黒から田町駅に接するビルの24〜26階に移転。オフィスにはDE&Iを意識した、さまざまな仕掛けが施されています。

総務部澤田さん

個性を「混ぜ合わせる」オフィス

本社オフィスのコンセプトは「Stir（混ぜ合わせる）」です。本社がサトーの拠点をつなぐハブとなり、職種や階層を超えて一人ひとりの個性が混ざり合う環境を目指しています。交わることで化学反応が起き、チームの連携や新しいイノベーション、価値の創出になることを狙いとしています。

「9つの環境」で
自分らしく働ける

サトーでは、業務や気分に合わせて働く場所を自由に選べる「ABW（Activity Based Working）」を取り入れています。「個人で集中作業を行う席」「電話をするボックス」「皆でアイデアを出し合う場」など活動に応じて設計。それぞれ「対話・発散・整理・専門・転換・偶発・会話・没頭・均衡」と9つのエリアがあり、サトーらしい"混ぜ合わせ"が実現しつつあります。フロアをつなぐ内階段は、そんな自由に働く社員同士が交差する場です。

サトーのDE&Iがわかる4つの数字

グローバル展開！

世界**121**拠点
90以上の国・地域
海外社員比率
65%

日本で創業した会社ですが、世界各国に拠点を持ち、社員数は海外が上回るグローバル企業にも。国内外の人財交流も盛んに行われています。

再雇用でも平等にチャンス！

アルムナイ採用
在籍人数**26**名
管理職人数**7**名

若手からベテランまで再雇用も積極的に行っています。他社で活躍をしてから戻ってきた社員にも、活躍のチャンスがあるのもサトーの特徴です。

男性の育児目的休暇取得率

135%超
育児休業取得率**59**%

推進活動と環境づくりを続け、男性社員の育休取得への意識が浸透。育児休業と、2022年新設の独自の「父親休暇」で育児目的の休暇取得率は向上！

平均勤続年数

16年**7**か月
男性**17**年**3**か月
女性**14**年**4**か月

健康経営やダイバーシティ経営を積極的に推進していく中で、日本での新卒・中途の定着率は年々増加しています。勤続年数は男女ともに上昇中です。

人への想い ／ 人財育成

これまで私たちは、人と商品を通じてお客様の課題解決に注力してきました。現場に携わる営業・保守・SEだけではなく、それを支える間接部門や開発、製造などあらゆる部門の経験と知恵を結集させることで、お客様に付加価値を提供できるという考えが、経営の根底にあります。その結果、創業から80年以上社会に必要とされ、今につながっています。

サトーグループは、企業の持続的な成長の源となるのは「人」であると位置づけ、「社員は財産」と発信してきました。顧客価値の創出と社会課題の解決というミッションを実現するために「イノベーションを生み出す組織文化」の醸成が欠かせないと考えています。そのために、競争力の源泉である「現場力」の向上と、その土台である企業理念の実践により、社員一人ひとりが「自ら考え行動し（自立）変化を起こせる（自律）人財」＝「ジリツ人財」になるべく、人的資本への投資を行っています。

例えば、キャリア施策の充実です。全員

国内人財部長
横田さん

サトーの人財育成がわかる4つのキーワード

E.D.G.E（エッジ）

海外グループ会社及び日本国内向けに、eラーニングや研修のコンテンツ配信などをするプラットフォーム「Learning Management System（以下、LMS）」を導入しました。
社内投票で決定した名前は、Engage（参加する）、Develop（開発する）、Grow（成長する）、Evolve（進化する）の頭文字から。社員一人ひとりが、スキルを身につけ成長していくための、1,000前後のコンテンツがあります。

社内大学「SATO Campus」

教育研修のほか、異動や配置などの施策を含む総合的な人財開発プラットフォームです。人財育成と企業文化醸成の仕組みとして2021年4月に設立されました。グループ全体で取り組み人的資本強化と持続的なお客様の価値創造の実現、社員の働きがい向上を目的として運営しています。
それぞれのキャリア目標に向けた知識やスキルの取得、機会の獲得が可能です。さらに充実させ、社員の創意工夫と主体的な行動を促していきます。

バリューチェーン研修

サトーグループのビジネスの本質と現場業務を的確に理解することを目的とした、国内社員向けの研修。2023年度は282人が受講しました。現場見学や講習を通じて現場業務を知ることで、サトーグループ特有の事業のコンセプト、オペレーションなどを確認し、自部署以外の業務を理解することができます。研修終了後は「チェーン＝つながり」を一層感じられ、お客様への価値創出が意識できるようになります。

社内コーチ制度

変化や挑戦を楽しもうという自発的な成長を目指すための基盤は、社員一人ひとりの「働きがい」や「心の健康」です。その基盤づくりのために社員同士がより一層フォローし合える環境が必要であると考え、社内コーチ制度による育成に取り組んでいます。
外部育成機関による70日間のトレーニングや認定試験の実施により、約30名のコーチが活躍しています。

個の中に全体がある

が真のプロを目指し成長できるように、職種別・機能別の「キャリアラダー」の整備や、自身のキャリアや生き方を振り返る「キャリアデザイン研修」を実施。2024年からは女性向けや伴走者である上司向けの研修も始めました。社内コーチ制度、社内公募などキャリア支援制度も拡充しています。また、社是「あくなき創造」を体現した行動を称える表彰制度などの動機づけの取り組みも行いながら、イノベーションを生み出し続ける組織を目指しています。

2代目社長の藤田東久夫氏の言葉に、物事を正しく把握するには全体を捉えようと

▼複数の言語に翻訳された『サトーのこころ』は考え方や行動の拠りどころに

するのではなく、個別の現象を捉えることが重要で、すなわち全体の中に個があるのではなく、「個の中に全体がある」というものがありました。まさに会社も社員一人ひとりの「個」の力が会社全体を形づくり、その原動力になっていると信じています。

多様性を重視した職場環境づくり

上席執行役員
海外事業統括

進藤さん

社員が財産。未来のイノベーション創出に欠かせない"多様性"を活かす仕組み

サトーは持続可能な企業を目指す上で、女性活躍の推進の他、働きやすい職場環境づくりにも力を注いでいます。DE&Iの実現に向けた想いと施策について進藤さんに話をうかがいました。

会社を発展させ持続するために今後さらに多様性が重要になる

サトーグループでは社員（人）がいるからこそ事業が持続的に価値を生み、お客様へ届けることができると考え、人間性の尊重と多様性を重視してきました。

社是である「あくなき創造」を体現できる社員を育てるべく、働きやすい環境の整備も進め、一人ひとりが働きがいを持って活躍できる企業を目指しています。

創業当時から性別を問わず個人が輝いて仕事をしてほしいという願いがあり、現代の多様性に通じる理念を抱いている企業です。私自身、今後イノベーションを生み出すには多様性・ダイバーシティの推進が重要になると感じており、一層「社員が財産」という姿勢が鍵になると考えています。

2022年には指名諮問委員会の下部組織として、全執行役員から構成する人財開発委員会を発足しました。国内外の女性社員率を高めるため、女性活躍推進施策の提案、実行を進めています。委員会では「女性の

社内の女性同士の交流の場となる
「女性フォーラム」の様子

キャリア形成支援」「女性の雇用率向上」「外国籍担当」などのチームに分かれて月に1回議論を続けています。

社内SNSを使い、委員会の活動状況の発信を担当しています。執行部の本気度や考えを、社員に共有し理解してもらうことも重要な目的の1つです。

女性活躍を推進することで、男性側として「差」を感じるかもしれません。しかしこれは積極的是正措置であり、推進していくことで、会社にとっても新しいイノベーションの創出やリスクの発見などにつながります。会社を発展させ持続するためには、働きやすい職場の提供はもちろん、多様性への理解が不可欠と考えています。

働き方改革と制度紹介

「どこでもワーク」

自宅近くの拠点で仕事。
時間の無駄を省き生産性アップ！

社員の出社や在宅など働き方を部門ごとで個別に判断しており、本社では在籍者約900人のうち40～50％が出社しています。そうした中サトーでは、在宅勤務だけではなく、働くことに適していれば自宅以外の場所で働ける制度「どこでもワーク」を取り入れています。

例えば、外回り後には帰社するのではなく、状況や効率を見て別の場所で働くことが可能です。ただし育児や介護をしながらではなく、あくまで生産性の向上を求める働き方であることが重要です。

今後は多様な働き方につながるように、

国内人財部
米谷さん

さらに利用しやすくしていきます。働きやすさと働きがいは似て非なるものですが、働きにくい環境はエンゲージメントの低下につながるからこそ、社員の声を聞きつつ、柔軟に取り組んでいきます。

「パパ・ママ育休取得制度」

父親休暇もアリ！ 親になっても
安心して働ける制度が充実

サトーでは母親の産前・産後休暇、育児休暇に加え、独自の「父親休暇」があります。私が育休を取得したのは、第二子が生まれた後の2024年5月から7月までの2か月間でした。事前に上司とメンバーにも相談すると「おめでたいね！」というムードで快く送り出してくれました。

育休中は家事と育児に集中でき、仕事はチームに引き継いでいたため育休明けには「さあ、やるぞ！」とやる気と共にスムーズに復職することができました。

制度を活用する人は年々増えており、仕事とプライベートのどちらでも、何度で

メカトロ事業本部
前川さん

も相談に乗ってくれる仲間と働けることは、サトーの大きな魅力です。この経験から、男性の育休取得の大切さを広め、皆がワークライフバランスを大切にできる雰囲気づくりに貢献していきたいです。

Our100th/DE&I推進部の想いと活動を知れば、未来のサトーの「ありたい姿」が見えてくる

2040年の創業100周年に向けてイノベーションを加速させる

Our100th/DE&I推進部は創業100周年の2040年に向け、今よりも活発にイノベーションを起こせる企業であることを目的とした社長直轄部署。個人も組織もクレドを体現する企業文化を定着させることを目的とした、「企業理念推進」と、自ら考え行動し、それを喜

べる、働きがいを感じられる企業風土づくりを推進する「風土改革」の2つのグループで構成されています。サトーの未来を知るためにメンバーに話を聞きました。

100周年、それ以降のサトーの未来を見据えて、サトーのミッションに近づき、ビジョンの実現につなげるために、事業活動の土台となる推進活動を行っています。

DE&Iはイノベーションを起こすための手段

DE&Iは、社是「あくなき創造」を起点としたイノベーションを日常的・継続的に起こしていくための"手段"として考えています。思考の多様性により、革新的なアイデアがより多く創出される文化・風土をつくることに努めています。個を尊重し、信頼し合い、そして一致協力をします。

企業文化の浸透、企業風土の改革に終わりはない

「企業文化浸透」では、全社員がサトーらしい行動を"無意識に"実践できている状態を目指し、世界各国にいるリーダーたちと協働で進めています。「風土改革」においても、失敗を恐れず挑戦を繰り返しながら、イノベーションを引き出す組織をつくるために制度提供と実現支援を続けています。

企業理念推進　　　　Our100th/DE&I推進部　企業理念推進グループ　**石渡**さん

『Building People, Building Business』を人財育成の最重要テーマとし、その根幹に企業理念を据えています。2016年に専門チームを発足し、世界の各拠点を行脚して浸透プログラムを実施。同時に世界の拠点で総勢100名を超える企業理念推進リーダーが自走できるよう活動しています。また、社員が自身の一年の仕事を理念に照らして振り返るワークショップを全地域で開催し、優秀事例を賞賛する「SATO Credo Awards World Cup」というイベントも毎年開催しています。

世界の社員を対象に行っているエンゲージメントサーベイにおいても、理念に対する肯定的評価が極めて高い結果が出ました。

一石伝波　　Our100th/DE&I推進部　風土改革グループ　木本さん

職場における業務や環境の改善提案を、自身の上司宛てに提出し、それらについて部門内で検討し、実行していく取り組みです。「一石伝波」をきっかけとした改善活動が確実に実行されるよう、各部門代表の推進メンバーと共に各種フォローや推進活動を行っています。上長が、提案を歓迎していることを伝える声掛けや、提案に対して迅速なリアクション及び丁寧な対話を行うことで、提案の件数が増加し、内容の質も向上していることを実感しています。

失敗を許容し変化や挑戦が歓迎され、社員が働きがいを感じられる企業風土醸成を目的としています

中学生との共創プロジェクト　　Our100th/DE&I推進部　風土改革グループ　川口さん

約半年間の総合学習の授業の中で、中学生と有志社員がチームを組んで"ワクワクする5年後の未来を考えよう"というテーマでアイデアを共創するプロジェクトです。最終的に、校内代表に選ばれたチームが本社でプレゼンを行いました。アウトプットだけでなく、有志社員から「自由に意見を述べられる雰囲気が、いかにアイデアの質と量に影響するかを学んだ」といった感想が寄せられるなど、活動を通して多くの気づきを得られました。今後も継続をしていきたいです。

教育の側面での社会貢献も目的のひとつですが、中学生の自由な発想に触れて社員も刺激を受け、凝り固まった思考を払拭するきっかけとなっています

バッカーソンの取り組み　　Our100th/DE&I推進部　風土改革グループ　永井さん

一般的な「ハッカソン、メーカーソン」の目的が新規ビジネスの創出とするのであれば、「バッカーソン」はそれだけではなく、社員の挑戦を、会社が、そして社員同士が称賛し合うことが当たり前の風土をつくることをメインに考えています。さまざまな拠点や部署から参加した有志社員がチームを組み、課題設定を行い、それに対する解決策（商品、サービスなど）の企画・立案を行います。サトーのビジネスや技術と無関係でない限り、自由な発想で設定して良いとしています。

メーカーであるサトーの社員自ら「新たな価値を創造する」ことの楽しさを実感することが、会社全体の成長と発展につながると考えています

障がいを持つ方との共創プロジェクト　　Our100th/DE&I推進部　風土改革グループ　松原さん

2024年度は、全国から参加した有志社員と外部からお呼びした障がいのある当事者と共に半年間かけて行いました。フィールドワークやワークショップを通して、当事者の「社会課題の解決」や「より良い職場環境構築」ためのソリューションアイデアの具体化を進め、最後はプレゼンを行いました。そして実現性のあるアイデアは、担当部署に引き継がれます。障がいへの理解促進、異なる部署から参加した有志社員同士でも交流が生まれ、他部署への理解にもつながりました。

社会貢献に社員が主体となって挑戦することで、社内にイノベーションの風土を醸成することにつながっています

三菱総研DCS株式会社

50年以上、社会基盤をITで支えてきたDCS

そして今、新たな領域へとビジネスを広げていく

三菱総研DCSってこんな会社！

　同社は1970年に三菱銀行（現・三菱UFJ銀行）のコンピュータ受託計算部門から分離独立する形で設立しました。2004年からは三菱総合研究所グループの中核企業として、シンクタンク・コンサルティングからIT実装を通じ、お客様や社会の課題解決に貢献しています。

　同社の特徴は、豊富な実績で培ったシステム開発力を生かし、ITソリューション・サービスを提供していることです。従来の金融分野に加え、製造や流通、電力などの産業分野においても、DXやテクノロジーを生かしたシステム構築やソリューションの拡充に取り組んでいます。AIをはじめとした技術発展がめまぐるしい時代において、「ITで便利と感動を作り、お客様と社会に真に貢献する企業」を目指しています。

※文中の役職及び部署名は、取材時点の情報（2024年10月）です。

日常とビジネスに
新しいカタチを。
三菱総研DCSの
ダイバーシティ経営

代表取締役社長
亀田 浩樹さん

新たな領域に足を踏み入れる企業へ

2024年、新たなコーポレートブランドメッセージ「日常とビジネスに新しいカタチを。」を掲げました。このメッセージには、従来のビジネスフィールドを広げ、次のステージへ挑戦する私たちの決意が込められています。

「日常とビジネス」には、お客様の日常にまで視野を広げ、従来のビジネス以外の領域や業界全体の課題を能動的に捉え、新しい領域に挑戦していこうという想いを込めました。「新しいカタチを。」は、従来のサービスやシステム構築にとらわれない発想でアイデアや仕組みを生み出していくことを表現しています。

多様な人材の力を結集する

弊社は金融・決済系のシステム開発業務を多く担当しています。銀行系のシステムは、安定的で高品質なサービス提供が特に重要なので、組織として安定志向・保守的になりがちです。しかし、変化の激しい今、既存の業務を守るだけでは企業の成長は難しく、新たな技術や手法を取り入れ、柔軟に対応する力が求められます。そのためには、多様な人材の力を結集し、最大現に発揮する必要があります。だからこそ、

DE&Iの推進を通して成長できる組織を目指しているのです。

DE&I推進部を新設

2024年10月、人事本部内に「DE&I推進部」を新設し、会社全体でダイバーシティ推進に真剣に取り組む意思を示しました。今後は同部が中心となり、DE&Iが完全に浸透した組織風土を目指し、さまざまな施策を通して実現していきます。

多様な人々が協働するには、互いの認識を共有し、理解し合う努力が必要です。そのためには、フラットなコミュニケーションの土壌づくりが大切で、部門間で意見が言いにくかったり、情報共有が滞ったりしない組織を目指します。その一環として、私自身が普段から取り組んでいるのは、「CEOチャンネル」などを通じた社員とのコミュニケーションです。私の行動や考え方、時にはミーティングや出張の様子などを文章と写真で全社員に共有しています。これをきっかけに声をかけてくれる社員もたくさんいます。

今後もフラットで公平な環境を整え、社員が実力を発揮できる組織の土台を築いていきます。その取り組み一つひとつが多様な人材の採用や成長を促し、企業価値の最大化につながると信じています。

新設「DE&I推進部」が目指すダイバーシティ

人事本部長 兼
DE&I推進部部長
小磯さん

新設DE&I推進部の責任者を担うのは、金融事業領域で開発、営業などのキャリアを重ねた後、現在は人事本部長も兼任する小磯氏。その小磯氏に抱負をお聞きしました。

社員が能力を発揮できる環境を目指す

私は新卒で三菱総研DCSに入社し、金融事業領域でキャリアを積んできました。2020年には開発部門を離れて、各事業部の戦略を統括する部署で統括部長を拝命し、その後営業部長として2年間勤務。その後は金融決済部門の企画部長として、中期経営計画の初年度を担当する役割を担いました。

金融・決済部門は全社員の約6割が所属する巨大部門で、企画部長時代には多くの社員と連携する機会を持ちました。加えて、他部門との連携を意識的に深めることで、社内で幅広い人脈を形成しました。こうした経験を経て、2024年10月から人事本部長兼DE&I推進部長を務めています。

当社ではDE&I推進部が設立される以前から、女性活躍や障がい者雇用など、ダイバーシティに関する取り組みを段階的に進めていました。会社が新しい挑戦を促す組織風土の醸成を目指し、新たなパーパスを掲げて変革を進める中で、DE&I推進部はそのシンボル的な役割を期待されています。

私たちが目指すのは、ただ多様性を受け入れるのでなく、社員が能力を発揮しやすい環境を整えることです。特に、これまで個別に進めてきた女性活躍や障がい者雇用などの取り組みを統括し、より戦略的に推進しています。

新設部署として、なんでもやってみる

DE&I推進部でまず取り組んだのは、多様性を受け入れる意識を育む活動です。例えば、役員や部長を対象に実施したダイバーシティマネジメント研修では、DE&Iへの理解を深め、自身のアンコンシャスバイアスを認識し、当部の活動に対しポジティブなイメージを持ってもらうことを目的としています。

また、推進部が発足する前から「女性活躍推進」に力を入れており、育児休暇や短時間勤務制度の整備だけでなく、厚生労働省認定の「プラチナくるみん認定」や「えるぼし認定」も取得してきました。

さらに、さまざまな世代の社員が参加する社内ネットワーク構築を計画し、制度改

革につながる意見収集や分析を進めています。これらは、企画部長時代に実施していたカジュアルなオフ会形式の交流会を発展させたものです。

この形式を基盤とし、さらに幅広い活動を展開したいと考えています。例えば、20代、30代、40代以上といった各世代の女性社員をつなぐ仕組みを整え、意見交換や情報共有の場を提供したいと考えています。部署を越えて、相談できる相手を見つけるネットワーク活動を目指しています。

女性同士に限らず、多様な背景を持つメンバーが参加する職場ディスカッションも

計画しています。この場では、自由に意見を交わし、出された意見を制度に反映しながら、新しい制度のヒントを探ることを目的としています。

また当社の既存の制度として、「なでしこサポート制度」の利用促進にも力を入れています。この制度は育児経験者や男性を含む8名のメンターが登録され、キャリア形成や家庭と仕事の両立に悩む社員をサポートするために設立されました。とても良い制度なのですが、現状は活用が活性化されていないので、利用者が気軽に相談しやすいよう、制度の周知や利用方法の改善など、時代に合った仕組みへの再整備を進めています。

障がい者の方にコア業務を任せる

これまでの障がい者雇用は、主にマッサージルームの運営や郵便物の社内集配業務など、特定の役割を中心とした雇用で成果を挙げてきました。これらも重要ですが、DE&I推進部の設立後はさらに踏み込んで、障がい者の方にも当社のコア業務に従事できる環境を整えることに注力していきます。

女性活躍について

女性でも仕事と家庭を両立できる。
長く安心してキャリアを築ける環境です

私には子どもが2人いますが、テレワークや短時間勤務制度を活用することで、仕事と家庭を両立しています。例えば、テレワークの活用によって、子どもの送迎や学校行事、PTA活動にも柔軟に対応できます。休憩時間を利用して家事をこなせるのも非常に助かっています。
同僚の理解も大きな支えとなり、忙しいイメージのあるIT業界の中でも、安心してキャリアを築ける環境だと感じています。

デジタルアカデミー
DE&I推進部
髙橋さん

障がい者雇用

「共生社会の実現」には障がい者雇用が不可欠

当社ではこれまで40名の障がい者雇用を行ってきました。その背景には、共生社会の実現には多様な人材の活躍が不可欠で、ひいては事業成長にもつながるという考えがあります。実際に採用した方は、郵便物などの社内集配業務だけでなく、DE&I推進部内に集中チームを設置し、他部店の一部業務を社内受託する形で事務業務をお任せしています。ご依頼いただいた部署の担当者からは、「皆さんまじめに業務に取り組み、人柄も良く、とても助かっている」といった声をいただいています。

DE&I推進部
熊谷さん

そこで早速、2024年10月から計5名の障がい者の方がコア業務への従事を開始しました。まずは一人ひとりの特性や配慮事項を丁寧に確認し、その上で適切な指示を出すことで、それぞれが能力を発揮できる環境を実現しています。その結果、全社的に業務効率の向上やケアレスミスの減少といった副次的効果も期待しています。

また、これらの取り組みを支える中心人物として、社会福祉士の資格を持つスタッフが活躍しています。彼は障がい者採用や支援の現場で豊富な経験を持ち、障がい者雇用の促進において重要な役割を果たしています。彼の存在は、インクルージョン型雇用の実現において大きな力となっています。

さらに、障がい者雇用の意義は企業内部だけにとどまりません。多様な働き方を支援することで、社会全体における包摂的な価値観の醸成にも貢献し、同時に当社の信頼性向上にもつながると考えています。

加えて、外国籍人材の採用も進めています。異なる文化や価値観を持つ人材を迎えることで、組織全体に新たな視点を取り入れることを目指しています。

このように、さまざまな取り組みを統括し、深化させることで、ダイバーシティの実効性を高めていきます。多様性を尊重する文化を育むことで、社員が実力を発揮できる組織をつくる。それを企業価値の向上に結びつけていきます。

DE&I推進で
会社を新たな方向へ導く

DE&I推進のゴールは、一人ひとりが個性を発揮し、いきいきと働ける会社をつく

ることです。そのために、まずは社内の組織風土を変え、DE&Iの理念を浸透させることが必要です。

私たちはダイバーシティ推進を4つのフェーズに分類しています。その中で、現状の当社の立ち位置は「第三フェーズ」にあたり、今後2年間で組織風土を変革させ、DE&Iの考え方の浸透を目指し、その後は活動を社外に広げる「第四フェーズ」に進む計画です。セミナーの開催や情報発信を通じて、当社の取り組みを広く伝えていきたいと考えています。

DE&I推進部は、「個性を受け入れる共生社会の推進」を理念としています。定量的なKPI設定は難しい部分もありますが、マイルストーンを設けて進捗を共有する予定です。多様な考え方を受け入れる土壌を整え、新たな方向へ会社を導いていきます。

- **第一フェーズ：基盤の整備**

法定雇用率や義務化に基づいた初期段階の取り組み。女性活躍推進や障がい者雇用の制度整備。

- **第二フェーズ：部分的な深化**

多様性の拡大に向けた活動を強化。インクルージョン型雇用や役員へのアンコンシャス・バイアス研修などを含む。

- **第三フェーズ：全社的浸透**

組織全体でDE&Iを定着させるための環境づくり。情報共有の促進や部門間の垣根を低くする施策が進行中。

- **第四フェーズ：社外展開**

DE&I推進の成果を外部に発信する段階。セミナーの開催や情報発信を通じて、社会的認知の向上を目指す。

なでしこサポート制度

キャリア形成や子育てについて気軽に相談できる「なでしこサポート制度」

「なでしこサポート制度」は、キャリア形成や仕事と家庭の両立に悩む社員が、先輩社員に気軽に相談できる制度です。2016年に導入し、現在8名のメンターが活動しています。メンターのキャリアなどの情報を公開し、相談者がメンターを自由に選べるようになっています。異なる業務に挑戦したいという相談には、スキル習得の具体策をアドバイスしたり、育児休暇を検討する男性社員の相談には制度活用を後押ししたりしています。

経理財務部
高山さん

テクノロジー企画部
西岡さん

三菱総研DCSの
社員が考える「ダイバーシティ」

多様な人が集まることで生まれる、やりがいと働きやすさ。
異なる背景を持つ社員の皆様にお話を聞きました。

| ERPソリューション開発部 | マーケティング部 | 金融・決済企画部 | クラウドテクノロジー部 |
| 鈴木さん | 伊藤さん | 宇川さん | 三田さん |

働く中で感じる
「三菱総研DCSの多様性」

伊藤さん

多様なバックグラウンドを
持つ人たちと働けます

伊藤：DCSで働いていると、多様性が職場に活かされていると感じる機会は多いですね。私のチームは中途採用が多く、前職や得意分野がバラバラなメンバーが集まっています。大企業出身の方からウェブ広告の専門家まで、幅広いバックグラウンドを持つ仲間たちと協力しながら働いています。

三田：私は過去に上海赴任を経験した際、現地の社員たちと文化を共有し合いながら働いたことが印象的でした。今後は会社としてもグローバル展開を進め、多様な文化背景を持つ人々との交流が増えると面白いと思います。

宇川：私が所属する金融・決済企画部もIT業界から転職されてくる方が多いです。皆さん新卒入社の方たちと分け隔てなくやっていますね。DCSには経験や立場が違ってもお互いに理解し、支え合う文化があると思います。

宇川さん

子どもがいる社員でも、
困った時に助け合える
風土がある職場です

宇川：また、お子さんがいる社員の方も働きやすい環境だと思います。私は子どもはいないのですが、同僚が子どもの体調不良で早退する際など、周囲が「家庭を優先して」と声をかける光景をよく目にします。困った時に助け合える風土があると感じます。

鈴木：私には小学校1年生の子どもがいます。いわゆる「小一の壁」について、不安を感じていましたが、今のところそれを特に感じたことはありません。柔軟にリモートワークで働けるので、とても助かっています。

特に夏休み期間中は、子どものお弁当を作る必要があります。出社となれば、朝早く起きて子どもを送り出す時間を逆算して準備をしなければなりませんが、リモートワークなら時間に融通を利かせて動くことができます。そのおかげで、無理なく仕事と家庭を両立できていると感じています。

鈴木さん

ライフステージに合わせて、キャリアを描ける職場です

鈴木：DCSは個人のキャリア形成についても理解がある環境だと思います。今は時短勤務で働きながら、後々のキャリアの基盤を築く時間だと思っています。子どもが成長して時間の制約が少なくなった時には、ERPパッケージを扱った経験を活かして、さらに深く業務に携わりたいですね。

宇川：私は特定の製品に関する深い知識を持つスペシャリストを目指しています。その過程で必要なマネジメントスキルも磨きつつ、自分の価値をさらに高めていけたらと思っています。

伊藤：前職では特定の製品に依存したマーケティングが中心でしたが、DCSでは幅広い商材を扱いながらスキルを磨けます。これからもさまざまな分野で経験を積み、マーケティングの専門性をさらに高めたいですね。

三田：私は技術分野に特化したプロフェッショナルとして、自分の経験を活かし、会社に貢献していきたいです。前職での外資系企業での経験や海外赴任の知見も活かしながら、技術を高めることで、後輩に目標とされる存在を目指しています。

三田さん

より一層、多様なキャリアが描ける環境を目指していきたいです

三田：当社では現状、プロフェッショナル系とラインマネージャー系のキャリアパスが分かれていて、それぞれに応じた成長の場が提供されています。こうした場がさらに進化し、プロフェッショナルとして活躍する社員が増えることで、より多様な働き方が可能になることを期待しています。

宇川：自分たちの声が会社に届く仕組みは整っていますよね。社長とのランチミーティングで直接意見を伝えたり、エンゲージメント調査で意見を共有したりする場もあります。今後も社員が主体的に関われる施策が増えれば、より一層のやりがいを感じられる職場になるのではないでしょうか。

子育て支援制度

子どもの発育に合わせて、会社として手厚くサポートしてくれます

金融コンサルティング・
セールス部

藤島さん

私は2人目の子どもが生まれた際、2か月間の育休を取得しました。上司からは「育休期間中、自身のキャリアを考える機会にしてみたらどうか」とアドバイスをいただき、有意義な時間を過ごせました。当社では仕事をしながら子育てを行う社員も多く、法定で定められた制度のほか、例えば育児と仕事を両立できるよう、「子どもの学校行事参加時の休暇制度」「小学6年生まで利用可能な育児短時間勤務制度」があります。子どもが大きくなっても、会社として手厚くサポートしてくれるのは非常にありがたいです。

● 有休取得率

「有給休暇取得奨励日」の設定で、仕事と生活のさらなる調和を実現

69.5%
（2024年3月現在）

一人ひとりの生産性を高め、仕事と生活の調和を目指し、有給休暇を取得しやすい雰囲気づくりに取り組んでいます。その一環として、「月に1回（8月は3回）」の取得奨励日を設定しました。奨励日を設けたことで、4日以上の連続休暇、休日と祝日の間の平日休み、お盆期間や年末年始の休暇期間の延長など、良い効果が見られています。今後は全社員に取得状況を毎月喚起し、更なる有給取得率上昇を目指していきます。

● テレワーク利用率

「テレワーク活用」と「生産性向上」の実現

53.2%
（2024年9月現在）

当社では2025年現在、テレワーク活用を継続しています。しかし、不足しがちなコミュニケーションの活発化が欠かせない問題でした。そこでテレワークのルールを策定し、「定例ミーティングの実施」「出社日の設定」などを実施しています。また「コミュニケーション活性化費用ガイドライン」を設けて、懇親会や歓迎会の費用を会社が負担しています。テレワークでも生産性が落ちないよう、今後も社員が働きやすいよう工夫を行っていきます。

人の成長を経営の中心に。
三菱総研DCSのキャリア開発

DE&Iを推進する中で、社員のキャリア開発にも力を入れる同社。デジタルアカデミーの鈴木さんに、キャリア開発の戦略と具体的な取り組みをお聞きしました。

デジタル
アカデミー
鈴木さん

「キャリア支援」から
変革の意思を示す

当社が社員のキャリア開発に力を入れている理由は2つあります。1つ目は、現状にとらわれず新たなビジネス領域へ挑戦するため。2つ目は、社員のエンゲージメントを高めていくためです。

これらを実現させるには、社員それぞれが自身の成長目標を定め、必要なスキルや知識を認識し、成長していくことが必要であり、その支援を行うことが私の役割です。

例えば、昨年には研修体系を全面的に見直しました。これまでは、その時々の事業の状況に応じて、必要な研修を提供してきましたが、それらをキャリア開発の観点から体系的に整理し、社員の年次やスキルだ

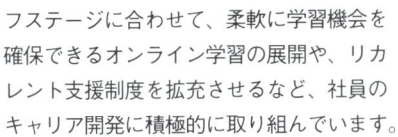

けでなく、自身の成長目標の達成に向けて何を学ぶべきか、社員にわかりやすく提示できるような仕組みを構築しました。

ほかにも、社員のライフステージに合わせて、柔軟に学習機会を確保できるオンライン学習の展開や、リカレント支援制度を拡充させるなど、社員のキャリア開発に積極的に取り組んでいます。

当社では、人事制度の目的の1つとして「多彩なプロ人材（ダイバーシティ）の挑戦による人と組織の持続的成長」を掲げています。社員が自ら学び、成長しようとする意欲を支えることで、自己実現に向けて進めるよう、これからも全力でサポートしていきます。

2〜3級 20代（地固め）			4〜5級 30代前半（応用）	6級 30代後半・40代〜（高度）
新人研修/OJT	システムエンジニア/クラウド型エンジニア 運用エンジニア			「プロフェッショナル系」 「ラインマネージャー系」の選択が可能（5級以降）
IT概要、プログラミング言語の習得	システム開発技術の習得	設計書作成方法を習得		
会社や開発のお作法や言葉を覚える	チームでの成果の出し方を知る	3〜5名ぐらいのリーダーとして活動		
対人、対課題などの基礎スキルを習得	報告、文章作成など発信スキル	OJTなど先輩としてのスキル		

プロフェッショナル系　　6級　　ラインマネージャー系

4〜5級

1〜3級

※キャリアは主な例です　　※各年齢は目安です

エンジニアのキャリア開発イメージ

若手エンジニアに聞く、三菱総研DCSで働く魅力

あらゆる課題を解決するフルスタックエンジニアを目指して

　私は学校向けサービスのアプリ開発を担当し、生成AIを活用した研究開発ではAPI開発などのバックエンドも手がけています。多様な案件を経験する中で技術力や問題解決能力が向上し、複雑なプロジェクトを成功させたときや、難しい技術的課題を解決できた際に成長を実感します。また、チーム開発を通してコミュニケーション能力も磨かれました。

　当社では在宅ワークやフレックス勤務が認められ、多様な働き方が可能です。背景やニーズが異なる人々が共に働きやすい環境が整っていると感じます。

　今後はインフラ系の技術も習得し、システム全体を俯瞰できるフルスタックエンジニアを目指し、さらに挑戦を続けていきます。

データテクノロジー部　**堀田**さん

お客様から指名される存在を目指し、DCSでキャリアを築く

HR開発部　**江口**さん

　自社パッケージ商品の導入コンサルタントとして、人事給与サービスの導入を担当しています。お客様との打ち合わせでは、業務負担や運用の課題からさらに踏み込み、より良い提案ができるよう心がけています。お客様に「期待以上に便利になった」と言っていただけた際は非常に嬉しくなります。

　当社では多様性が尊重されており、ライフステージやキャリアに応じて柔軟な働き方が選べる環境が整っています。私の部署でも、女性管理職や男性の長期育休取得が当たり前のように受け入れられています。今後は、お客様から「ぜひ江口にお願いしたい！」と言っていただけるエンジニアを目指して、さらに努力を続けていきたいと思っています。

2025年6月〜新オフィス紹介

三菱総研DCS

▲本社新オフィスのエントランス

新オフィスでダイバーシティを
受け入れる土壌をつくる

　2025年6月より、本社を現在の東京・品川から三田のオフィスビルに移転します。その背景には、働き方や価値観の多様化に対応しながら社員が集う「価値創造の場」を作ること、そして、当社のパーパス実現の起点となるオフィスづくりがあります。

　移転の目的は大きく2つ。1つ目は「Activity Based Working（ABW）：仕事の内容や目的に合わせて、社内外問わず自ら場所を選び仕事ができる働き方」の実現です。

　2つ目は「『本社』の位置づけ」の再定義です。私たちの職場を「目的を持って出社する象徴的な場」と定義し、お客様先に常駐する他拠点勤務者や、在宅勤務者とのコミュニケーション活性化を図っていきま

▲オフィス中央に階段を設置し、自由に行き来できる構造に

▶オフィスを見渡せるフリースペースを設置し、社員の憩いの場に

す。今回の移転により、ダイバーシティを受け入れる土壌ができ、立地改善による通いやすさも確保されます。

　また、2024年8月には「九州支社オフィス」を新設しました。九州に支社を構えることで、「地域採用の強化」「地域企業との連携強化」「新しい働き方の実現」という3つの目的を実現し、さらに当社のビジネス領域の拡大を推進していきます。

▲九州支社のコミュニケーションスペースや集中ブース

セイコーエプソン株式会社

グループ従業員の7割が海外。グローバル企業セイコーエプソンの
DE&I推進とは？　その取り組みの「いま」と「これから」に迫る！

セイコーエプソンってこんな会社！

　セイコーエプソン株式会社は、長野県諏訪市に本社を構える1942年創業の電気精密機器メーカーです。創業以来、大きいこと、量が多いことだけが豊かさではなく、省くこと、小さくすること、精緻さを突き詰めることが、自然環境に優しく、人々のこころを豊かにできるものだと信じ、「省・小・精」の技術を追求してきました。

「プリンティングソリューションズ事業」「ビジュアルコミュニケーション事業」「マニュファクチャリング関連・ウエアラブル事業」を展開しており、これまで、新たな時代を切り開くいくつもの画期的な製品を生み出しています。また、国内の製造業で初めて※1、グローバルに展開する全拠点※2における使用電力のすべてを再生可能エネルギーへ置き換えるなど、地球環境問題をはじめとする社会課題の解決に立ち向かっています。

※1：日本のRE100加盟企業のうち。2024年1月9日時点（エプソン調べ）
※2：一部、販売拠点などの電力量が特定できない賃借物件は除く

「『省・小・精』から生み出す価値で、人と地球を豊かに彩る」を実現させるために

代表取締役社長
小川 恭範さん

パーパスの実現に向けて多様な人材の活躍は必要不可欠

私たちエプソンには、存在意義や目指すべき方向性を示したパーパスがあります。それが、「『省・小・精』から生み出す価値で、人と地球を豊かに彩る」です。

エプソンは、創業以来培ってきた「省・小・精の技術」をベースに、お客様の期待を超える商品やサービスを提供することで、社会課題解決への貢献に取り組んでいます。

このパーパスは私たちエプソンが変わらず持ち続ける軸であり、私たちは技術革新を通じて持続可能な未来を実現し、信頼される企業であり続けることを目指しています。そのための基盤となるのが人材です。多様なお客様を理解し、驚きや感動を与える新たな価値を届けるためには、私たち自身が多様な考えを受け入れ、尊重し合える会社でありたいと思っています。

そのためには、一人ひとりが自由闊達に意見を交わし能力を最大限発揮できる組織風土や、ライフステージの変化に適応しながらキャリア形成を実現できる環境が必要です。同時に、いきいき楽しく働く基盤となる健康経営にも積極的に取り組み、組織の活性化と総合力の最大化を進めています。

ステージは用意されている一緒に成長し、未来を切り開こう

エプソンのDE&I推進は、女性活躍推進からスタートしました。ジェンダーギャップを含むさまざまな格差の解消に取り組みながら、従業員の意識変革や働き方の選択肢拡充など、多様な人材が活躍できる企業文化の醸成へ活動を広げて現在に至ります。DE&Iが企業文化として定着し、「DE&I」という言葉を使う必要がない状態になることが究極のゴールかもしれません。

エプソンは信州・長野県に基盤を置き、グローバルに事業を展開していますが、私たちを取り巻く環境変化は今まで以上に加速しており、求められるものも刻々と変わっていきます。その変化に対応するためにも、自ら考え、自ら行動し、柔軟な思考で新しいお客様価値をつくることのできる人材に活躍していただきたいと思っています。

エプソンは、常に学び続けることができ、会社とともに成長・挑戦できる人を求めています。私たちと一緒に成長し、未来を切り開きましょう。エプソンはそのステージを用意してお待ちしています。

ファクトからみるエプソンのDE&I

エプソンはDE&I推進・健康経営に積極的に取り組み、福利厚生も充実しています。若手から子育て世代、介護世代まで、ライフイベントに合わせて全従業員が安心して健康に働き続けられるように、施策や制度を柔軟に見直しながら、より良い環境づくりに取り組んでいます。

DE&I戦略推進部　東埜さん

数字

育児休職取得率	平均有給休暇取得日数	年間休日数	平均勤続年数
女性 **98**% 男性 **85**% 2023年度	**15.7**日 2023年度	**127**日	**18.6**年 2024年度

制度

在宅勤務
仕事と家庭の両立をしながら生産性向上を行うことを目的に、在宅勤務を行うことができます。育児や介護などの対応が必要な場合でも、申請により自宅以外の場所で在宅勤務が実施できるなど、柔軟な働き方が可能です。

コアタイムレス　フレックスタイム勤務
2023年3月にフレックスタイム制度におけるコアタイムを廃止しました。始業・終業時刻の選択幅が広がり、個々に合わせたより柔軟な働き方ができるようになっています。

健やか休暇
前々年度からの年次有給休暇に残日数がある場合、60日を限度に積み立てることができます。本人のけがや病気、介護・育児、子どもの学校行事への参加を目的としています。

育児休職・短時間勤務
子どもが満1歳の誕生日を迎えるまでの間、休職することができます。また、小学校6年生までの子を養育する従業員は、1日2時間を限度に勤務時間を短縮することができます。

環境

通勤圏内に実家または自己所有物件がない従業員は、社有もしくは会社が借り上げる物件へ入居することができます。賃貸料の自己負担金額は、月10,000円程度です。

認定

健康経営や子育て支援など働きやすさやDE&Iに関する認定制度において、いずれも最高位の評価を受けています。

DE&I推進のテーマ&施策、そして働く人の声

エプソンでは、多様な人材が自由闊達に意見を交わし能力を最大限発揮できる組織風土を醸成し、イノベーションを起こし続けることを目的に、さまざまな施策を展開しています。取り組みをいくつかご紹介しながら、エプソンで働いている従業員はどんなことを感じているのか、リアルな声をお届けします。

Discover エプソン！① ジェンダー平等

今あるジェンダーギャップを解消し、新たなギャップをつくらないために取り組んでいます。女性に対しては、自己理解を深めキャリアアップに挑戦するきっかけをつくり、研修や対話会などで目標の実現をサポートしています。
ジェンダー平等含めたDE&Iを企業文化として定着させるため、従業員の意識改革を重視しています。その1つとして、全管理職に対しDE&I研修を実施し、無意識のバイアスに気づき、メンバーの個性を生かすマネジメントについて学ぶ機会を提供しています。

DE&I戦略推進部
髙木さん

Discover エプソン！② 家庭と仕事の両立支援

従業員がやりがいを持ち、さまざまなライフステージの変化に適応しながら、いきいきと働ける環境づくりに取り組んでいます。育児や介護との両立に必要な制度を整備するだけでなく、それを活用できる風土醸成にも力を入れています。それらの取り組みの結果として、男性育休の取得率が大幅にアップしました。
近年では、不妊治療と仕事が両立できるように制度を整え、実際に活用されています。今後も従業員の声に耳を傾けながら、組織としての成果の最大化に向けて働きやすい環境整備を進めていきます。

人事部
石川さん

Discover エプソン！③ インクルーシブな障がい者活躍

「障がいの有無にかかわらず、個々の役割に応じたステップで挑戦し、成長し続けることで、成果創出に貢献している状態」を目指し、障がいがある方との接点づくりやワークショップ開催など、インクルーシブな組織風土の醸成に取り組んでいます。エプソンが設立した特例子会社（※）ではそれぞれの障がい特性に合わせた業務を担っており、今後も新規業務拡大によって能力や適性を生かし活躍できる環境づくり、個々の成長に向けた取り組みを進めていきます。

※特例子会社：障がい者の雇用を促進するための子会社

DE&I戦略推進部
赤羽さん

海外で、中途入社で、さまざまな個性が光っています！

あらゆる属性にとらわれず、多様な従業員が活躍しています。社風として新卒入社と中途入社を区別するという意識がなく、多くの中途入社の従業員がマネジメント職を担いながら活躍していることは大きな特徴です。また、職種によっては入社して数年で海外トレーニーや海外赴任の機会があります。現地で経験を積み、専門性を高めることで、その後の仕事の幅も広がっています。

ジェンダー平等

「各階層に満遍なく女性がいる状態を早期かつ確実に実現する。そのために、すでにあるジェンダーギャップを解消し、新たなギャップをつくらない」を活動方針に掲げ、取り組んでいます。

女性リーダー向けキャリア自律研修

エプソンでは男性従業員比率が高く、「男性によって築かれてきた画一的なリーダーシップ像に合致しなければ管理職が務まらない」という思い込みが女性の中にあることが、アンケート結果などから明らかになりました。そのため、将来管理職として活躍することが期待されている女性リーダーを対象に、多様なリーダーシップ像を理解し、管理職に挑戦してみようと思うきっかけとなるプログラムを実施しています。

約4か月間で集合研修や社長、社内外の女性リーダーなどとの対話会を実施し、自らの強みに気づき、生かしながら他者を導くことの重要性を学びます。管理職へ挑戦する女性リーダーは年々増加しており、本研修をはじめとしたジェンダーギャップ解消に向けたプログラムの推進、改善を続けていきます。

女性若年層向けロールモデル対話会

全社で行っている意識調査の「キャリアアップしたいと思いますか？」という質問に対し、20〜30代の女性は同年代の男性と比較し消極的な従業員が多いことがわかりました。その理由として「仕事に自信がない」「身近にロールモデルがいない」「家庭と仕事の両立が不安」といった声が挙がっています。そこでエプソンでは、積極的にキャリアについて考えられる場を提供するために、社外メンタリングプログラムの

導入や社内女性管理職との対話会など多様なロールモデルとの接点をつくっています。

若年層の女性従業員が、少し先を歩く社内外の女性リーダーのキャリアストーリーを聞いたり、自身のキャリアを相談したりすることでキャリア形成を主体的に考えることが目的です。また、アセスメントプログラムにより自身の強みやキャリアに対する本心・希望を抽出し、客観的な視点で自らの考えを分析します。

女性リーダー向け
キャリア自律研修へ参加しました！

さまざまなリーダー像を
学ぶことで、
キャリアの不安が
なくなりました

VP開発・企画設計部
松尾さん

上司から研修への参加を勧めてもらい、社内外のさまざまな方と話せる点や、自己分析、自分らしいリーダーシップについて学べる点に魅力を感じ参加しました。

実際に女性管理職や社外で活躍している女性との対話により、モチベーションが上がりました。自分はリーダーに向いていないという意識がありましたが、研修を通じて「自分らしいリーダーのかたちで大丈夫」と前向きになり、少しずつ仕事の進め方も変わってきたと感じます。

これからはキャリアアップを目指すと共に、大好きな開発の仕事を通じてより良い製品をつくっていきたいと思います。

女性若年層向け
ロールモデル対話会へ参加しました！

キャリア形成とライフプランの両立に悩んでいた時に研修を紹介いただき、「参加すれば良い道筋が見えてくるかも！」と思い、参加しました。

異業種の社外メンターとの交流が印象的で、キャリア形成のみならずライフプランについても気を遣わずに話すことができ、視野が広がりました。研修前はキャリア形成について難しく考えていましたが、「自分がいつも開けないドアを開ける」という言葉が心に残り、自分の可能性を信じ挑戦しようと思えました。

これからの目標は昇格試験に挑戦し、さらに力をつけて会社に貢献することです。研修のおかげで、積極的にキャリアを築いていく意欲が湧きました。

異業種の社外メンターとの交流によって、
視野も可能性も
広がりました

P企画設計部
越田さん

家庭と仕事の両立支援

エプソンでは、両立支援を「働き続けたい人がライフステージの変化に合わせ、選択するキャリアを歩むための支援」と位置づけ進めています。育児や介護、近年では不妊治療までその範囲を広げています。

性別によらない、育児と仕事の両立支援

性別によらず公平に育児に関わり、仕事との両立ができる会社になることを目指し、当事者だけではなく会社全体で「育児休職を取得することが当たり前」の風土醸成に取り組んでいます。

その第一歩として2022年度より男性育休促進活動「PAPA UPプロジェクト」を実施しています。父親学級や管理職向けの研修を実施し、家事・育児分担を考えるツール「家族ミーティングシート」を社内イントラネットで公開。また、男性育休取得者の座談会や「私と家族の育児」をテーマにしたフォトコンテストを開催しました。

これらの取り組みにより、過去30％だった男性の育休取得率は、2022年度以降は80％を超えるようになりました。引き続き取得率100％を目指すとともに、取得日数を増やす活動も継続して行っていきます。

男性育休促進活動
PAPA UP
プロジェクト

不妊治療に関する休暇・休職制度の導入

エプソンでは、「精神面での負担」「通院日程調整」「体調、体力面での負担」の3点を主な課題と捉え、安心して不妊治療と仕事を両立できる環境を整備しています。「ライフサポート休暇」は年5日間の有給休暇付与、「ライフサポート休職」は3年度の期間に通算365日間の休職を認めるものです。

不妊治療に関する制度は、男女関係なく取得可能で、配偶者の付き添いにも適用されます。「通院が多かったため、気持ちに余裕ができた」「男女ともに対象になっていてありがたい」「年休が減ることに対する不安感が軽減された」などの感想をもらっています。導入後も実際に利用した従業員の意見を参考に制度の見直しを行っていきます。

また、会社全体として、不妊や不妊治療に対する理解の促進、ハラスメント防止に向けた意識啓発をすることで、制度を使いやすい風土づくりに努めています。

職場のサポートと制度のフル活用で
育児と仕事の両立に奮闘中です

制度を活用しながら
つねに一歩先を
見据えることで
両立しています

エプソン販売株式会社
経理部（営業会計・取引先管理）
橋本さん

中途入社から1年ほどで育休を取得したのですが、職場が快く受け入れてくれて、サポート体制を築き、在宅業務を増やしてもらったことに感謝しています。制度の面でも育休、フレックスタイム勤務、就業中の中断、在宅勤務と使える制度はフル活用しています。子どもの送迎や通院に加え、義父の介護もあるため、柔軟に働ける環境をありがたく感じています。

育児と仕事の両立に向き合う中で、つねに一歩先を考えるよう心がけ、突発的なことが起こる前提で仕事を進めるようなりました。スケジュール・タスク管理のレベルが上がったことは、現在担当している得意先の審査や取引方針検討、緊急時対応の業務にも生かされていると感じています。

制度も環境もブラッシュアップされ
さらに利用しやすくなっています

在宅勤務や時間年休などの制度拡充や上司、同僚の協力もあり、保育園の呼び出しや子どもの通院があっても柔軟に働けています。仕事と育児の両立は大変ですが、異なる環境に身を置くことで気持ちを切り替えられると前向きに捉えています。

また、昇格試験はエントリー取得と選考試験の2部に分かれており、私は育休前にエントリーを取得し、育休明けに選考試験を受けました。育児をしながらの昇格試験挑戦に不安はありましたが、上司のサポートもあり、乗り越えることができました。ライフステージの変化に合わせて、エプソンの充実した制度を活用しながら、これからもIC設計を通じて商品開発に携わりたいです。

仲間にたくさんサポート
してもらっているので
自分もいつか誰かの
助けになりたいです

MD商品開発部
福本さん

インクルーシブな障がい者活躍

「インクルーシブな障がい者活躍を実現するための組織風土の醸成」、「グループ全体における障がいのある方の雇用拡大と活躍の場のさらなる創出」に取り組んでいます。

障がい者活躍に関するワークショップ

役員をはじめ、人事や総務、特例子会社の管理職を中心に、エプソンの障がい者活躍を推進するキーマン約40人が意見を交わすワークショップを開催。発達障がいを専門とする大学教授や専門家を招き、今抱える課題やその障壁について話し合い、それぞれが今できることを確認しました。

参加者からは「障がいのある方へのバイアスが自分にもある。当事者との接点や、こうした語らいの場が理解を深める上でも大切と気づけた」「障がいの有無にかかわらず、一人ひとりと丁寧に対話することが、パフォーマンスを発揮するためのきっかけ

となる」といった声が寄せられました。

このワークショップで得た気づきや共通認識が、今後それぞれの役割や立場において、エプソンの障がい者活躍を推進するための一歩だと考えています。

特例子会社との取組みについて

エプソンは、特例子会社を2社設立し、障がい者の雇用及び活躍の機会を拡大しています。その1社、エプソンミズベ株式会社は全国に先駆け1983年に設立。長野県を拠点に多岐にわたる業務を担っています。特例子会社で培った障がい者活躍に関するノウハウを、グループ各社へ展開できることは我々の強みです。

また、精神障がい者数の増加という社会

課題に向き合うため、特例子会社におけるオフィス補助業務の拡大に取り組んでいます。業務種別が増えることで、さまざまな特性の方が一人でも多く活躍できる場を創出することが目的です。そのためには、障がいのある方との直接的な対話の機会や各種情報発信などの接点づくりを通じて、主要発注元であるグループ各社での「障がい」への理解浸透に力を入れています。

その他にも
さまざまな個性が発揮されています！

海外で活躍！

お客様が満足する品質を保証するため、海外の製造工場をこの目で確かめる

　私が携わってきた製品は日本で企画、設計をしていますが、実際につくっているのは海外の工場です。品質保証部門としてものづくりをしている現場を知っておく必要があると考え、赴任を決意しました。会社で実施している英語研修と赴任者研修を通じ、海外で生活や仕事をする上での心構えや注意するべきことを学びました。

　初めは言葉の壁もありましたが、インドネシアは親日国で皆さんとてもフレンドリーなので、半年も経つとコミュニケーションはスムーズになり、人脈や知識も広がっています。20代のうちに実現した、赴任という貴重な経験は、今後の人生、業務において必ず生きてくると思っています。

PT. Indonesia Epson Industry
CS Quality Assurance　小根山さん

中途入社で活躍！

生まれ故郷の信州・長野へUターン　すぐにポジティブな転職だと実感

P企画設計部　小泉さん

　東京で働いていましたが、子どもが小学校に上がる前に出身地の長野へUターン転職をしました。入社後すぐにプリンターの新機能の担当になり、若手にも積極的にチャンスを与えてくれる会社という印象を受けました。期初に5日間連続休暇（2分割まで可能）の設定を義務づけられるのも、長期休暇を取りやすくする良い制度だと思いました。

　エプソンでは、ものづくりの上流工程から下流工程まで関われることにやりがいを感じています。自分のアイデアが実際の製品に反映できることが嬉しいです。これからの目標はプリンターの機能の拡充です。お客様が使いやすい機能を拡充し、信頼性の高いプリンターを設計していきたいです。

取締役執行役員　経営戦略本部長
マニュファクチャリングソリューションズ　事業部長
吉野　泰徳さん

エプソンにおける DE&Iの現在地と これから

多様性がイノベーションの 土台になる

吉野　エプソンが進化し続けるために多様な人材を生かしていくことが重要と捉え、ここ数年間、会社としてDE&I推進を行ってきました。スタートした当初は経営層も含めて必要性について理解が不十分だったように思いますが、徐々に自社の成長に欠かせない要素であることが理解され、社内の空気が変わってきたように感じます。

根村　そうですね。私がDE&I推進を担当し始めた2022年頃は、DE&Iに関する施策を打つこと自体が目的だと勘違いされていたように思います。しかし現在は、DE&Iは多様な能力を持った従業員が活躍し、変化に柔軟にできる環境づくりの手段であり、そういった強い組織から価値創出につなげていくという考えが少しずつ浸透してきていると感じます。

吉野　社会課題の解決やイノベーションの創出を目指すとき、横並びの考え方や行動でできることには限界があります。DE&I推進は、企業として持続的な成長を続けていくために、本質的に必要な考え方だと思います。エプソンは、グループ従業員の70％、売り上げの80％以上が国外で、開発・生産をはじめ販売・サービス拠点を世界各地に展開しています。多様な人々が集まると、経験、思考、発想、行動のすべてに違いがありますが、議論や衝突を超えて力が結集すれば、大きな力を生み出します。

根村　そういった社内の理解が進んだことにより、周囲の協力を得てさまざまな制度面の拡充や、活用しやすい風土醸成を推進できる環境が整ってきました。毎年行っている社内の意識調査でも、DE&Iの浸透を感じる従業員が増加しています。

DE&Iの取り組みは一人ひとりが いきいきと活躍できる環境づくり

吉野　DE&I推進の取り組みは、誰もが能力を発揮できる環境づくりを通じて、多様な人材が活躍し、変化へ柔軟に対応できる組織となることです。そのために、今後取り組むべきことの1つが、適切な評価制度の運用です。公平な環境の中で、挑戦した人やパフォーマンスを発揮した人を高く評価していくことが重要だと思います。会社側は、各人の役割を踏まえた期待値をしっかり伝えることが必要ですね。

根村　エプソンは、さまざまな挑戦の機会がある会社だと思います。チャンスを捉え、挑戦したことがしっかりと評価される。改

議論や衝突を乗り越えて多様な力が結集したとき、大きな価値を生み出す。そのために、誰もが能力を発揮し、いきいきと輝く環境をつくる。DE&I推進の取り組みの「いま」と「これから」について伺います。

DE&I戦略推進部　部長
根村 絵美子さん

善点があればきちんとフィードバックを受けられる。それが新たなチャレンジへとつながっていきます。これからも従業員がいきいきと活躍できる仕組みづくりや、風土の醸成を目指して、DE&I推進に取り組んでいきたいと思います。

また、DE&Iの推進は社内だけのことではありません。エプソンは長野県諏訪市に本社を構え、地域とのつながりをとても大切にしています。長野県をはじめ、拠点を置く地域のリーディングカンパニーとして、社会全体のDE&Iの考え方の浸透に寄与したいと考えていますし、その役割や責任があると考えています。

自ら考え、自ら行動する組織で社会に貢献する

吉野　私たちのパーパスは、「『省・小・精』から生み出す価値で、人と地球を豊かに彩る」です。「省くこと・小さくすること・精緻さ」を突き詰めていくことで、大きな社会的価値を生み出せる。その大きな価値で地球環境問題をはじめとするさまざまな課題に立ち向かい、人と地球が豊かに彩られる未来を共に実現していきたいと考えています。このパーパスに基づき、エプソンが目指しているのが、全従業員が「自

ら考え・自ら行動する」会社です。高い向上心を持って仕事を自分のものとし、共通の大きなゴールに向かって、責任を持って成果を出していくという発想ですね。

根村　エプソンは、実直で真面目な従業員が多いですよね。創業当時から掲げている「誠実努力」という言葉にも表れています。その反面、受け身になりがちな面があるように思います。挑戦する機会を逃さずに、自分から手を挙げてチャレンジする人が増えてほしいですね。

吉野　従業員の皆さんには、新しいスキルや知識を積極的に学び続け、物事に情熱をもって取り組んでもらいたいです。そのためには、色々なヒト・モノ・コトに触れ、自分なりに深く考えたり、試したりする。思考と行動を繰り返すことが、情熱の源になるのではないかと思います。

大日本印刷株式会社（DNP）

DNPは「対話と協働」を社員の行動指針に掲げ、

一人ひとりの違いを尊重し、受け入れ、多様な強みとして掛け合わせることで、

"より良い未来"への変革に挑戦し続けています

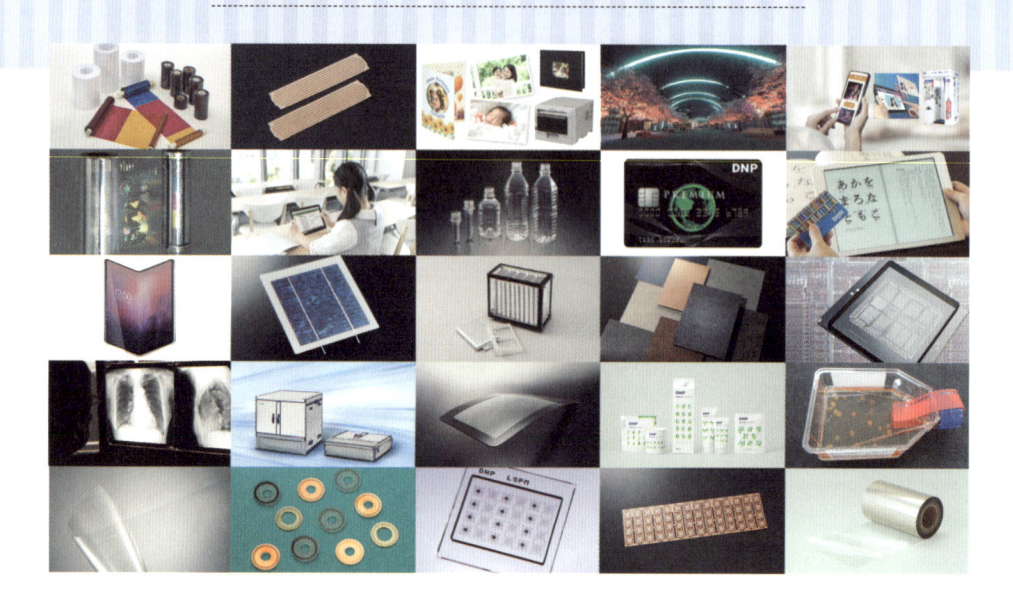

DNPってこんな会社！

ブランドステートメント

未来のあたりまえをつくる。

1876年に創業し、出版印刷業からスタート。

以来、約150年にわたり

人と社会にとって身近に「あたりまえ」に存在する価値を

つくり続けてきました。

こんなところにDNP

DNPが生み出す製品・サービスは社会のさまざまなところで「あたりまえ」のものとして拡がっています。

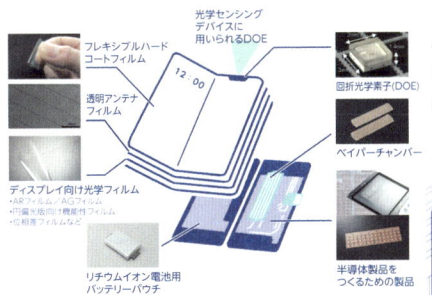

光学センシングデバイスに用いられるDOE

フレキシブルハードコートフィルム

透明アンテナフィルム

ディスプレイ向け光学フィルム
・ARフィルム／AGフィルム
・円偏光吸収／機能性フィルム
・位相差フィルムなど

リチウムイオン電池用バッテリーパウチ

回折光学素子(DOE)

ベイパーチャンバー

半導体製品をつくるための製品

身近なスマートフォンには、DNPの先端部材が数多く用いられています

次世代通信を支える製品

多様なバリア性を有する包材

高いデザイン性と機能性を両立した内外装材

創薬開発の支援

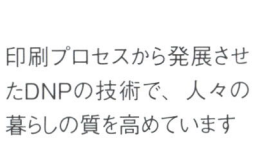

印刷プロセスから発展させたDNPの技術で、人々の暮らしの質を高めています

DNPの**No.1**

世界のトップシェア

リチウムイオン電池用バッテリーパウチ

有機ELディスプレイ製造用メタルマスク

ディスプレイ用光学フィルム®
®ディスプレイ表面用の反射防止フィルムおよび防眩フィルムにおいて

写真プリント用昇華型熱転写記録材

国内のトップシェア

ICカード

PETボトル用無菌充填システム

住宅用内外装化粧材（床・エクステリア用フィルム）

一見つながりがないように感じるかもしれませんが、
私たちはこれらすべての事業を
"印刷技術"の応用・発展で成長させてきました。

なぜこれだけ幅広い事業領域を展開できているのか。
そのキーワードは「D&I」（多様性と包摂）です。
DNPは社会、企業、そして人の多様なニーズに対して
「多様性の尊重」、「対話と協働」で向き合ってきました。
その「D&I」について、「挑戦者たち」のインタビューをもとに
探っていきます。

D&I推進室
藺牟田さん

人財開発部 部長
奥村さん

インクルージョンを
あたりまえに

「さまざまな声に耳を傾け、一人ひとりがお互いに尊重し合いながら "対話と協働" を実践する」インクルージョンがあたりまえの職場づくりを実現していきます。

多様性の尊重が
世の中をより豊かにする

奥村：私たちは書籍や雑誌などの紙の印刷にとどまらず、スマートフォンの部品・部材や食品パッケージ、デジタルマーケティングなど、生活をより豊かなものにする価値の提供を事業としています。これらを生み出す過程において、利便性と安全性の両立を果たすために、立場や価値観の異なる社員が多角的に検討・検証に参加し、常に "対話" を繰り返しています。

藺牟田：そのために、まずは私たち自身がお互いの「違い」を尊重し、受け入れ、その多様性を活かし、新しい価値を生み出すことが大切だと考えています。一人ひとりがアンコンシャス・バイアスを意識し、意見を出し合い、個の強みを活かして掛け合わせる職場づくりに取り組んでいます。

奥村：DNPの約150年の歴史を改めて振り返ってみると、印刷技術を軸にさまざまな事業を発展させてきました。印刷には欠かせない精密加工技術を半導体製品に活用したり、個人情報を取り扱う知見を活かしてICカードやセキュリティ事業に進出し

たりと、世の中の変化と向き合ってきた歴史そのものが、多様性を体現していると言えます。D&Iの推進にあたっては、これまで重視してきた多様性を全社員に一層わかりやすく伝えるため、「インクルージョンがあたりまえになっている」と再定義し、中期的な目標に設定しました。

藺牟田：多様性というとマイノリティ支援にフォーカスされがちですね。私たちもその取り組みで、外部から一定の評価を受けています。しかし私たちは、「すべての人」が多様性を持っていて、皆が等しく尊重されるべきだと考えています。「インクルージョンがあたりまえになっている」を掲げることで、さまざまなものの見方を持つ者同士が協働し、一人では考えつかないような新しいアイデアや、困難への対応策が生まれると感じています。

多様なニーズに応えるために
自らも多様性を重視する

中期ビジョン

インクルージョンがあたりまえになっている

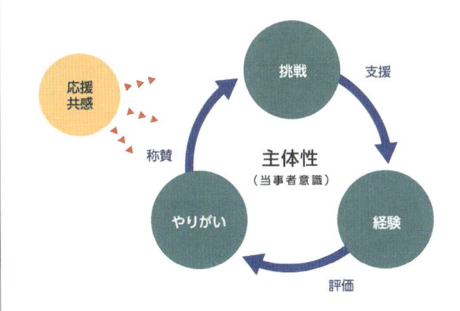

多様な個がお互いをインクルージョン（包摂）し、主体性を持った個の挑戦を周囲が支援します。その挑戦の結果を経験として評価し、「対話」を通じて、やりがいにつなげ、周囲から称賛を受けて、また挑戦する「インクルージョンがあたりまえになっている」状態を実現していきます。

対話と協働で新たな価値を創出する

奥村：すでに「あたりまえになっている」と感じていますが、この取り組みは続けていくことに意味があると感じています。

　そもそも、DNPの行動指針は「対話と協働」です。例えば、月1回以上の1on1ミーティングを通じて、上司と部下、お互いが大事にしていること、不安や理想とする働き方を伝え合い、双方が理解を深めています。こうした取り組みが信頼関係構築につながり、多様な意見やアイデアを出しやすい環境を醸成していくのです。一見遠回りのようでも、双方の理解と信頼を深めることが事業の発展や真の価値創造につながるという、本質的な意義を見失わないようにしていきたいと思います。

蒲牟田：社内外を問わず、「対話」をして「協働」することで、これまでにない製品やサービスが生まれます。DNPのさまざまな強みと社外のアイデアを掛け合わせて、世の中に向けて新たな価値を創出し、「未来のあたりまえ」をつくっていくことが、私たちのミッションであり、DNPの存在意義を表すブランドステートメントです。

行動指針は「対話と協働」「傾聴」を心がけています

社内で愛用するトートバック

奥村：私たちは「多様性の尊重」「対話と協働」といったDNPの行動指針や存在意義に共感してくれる方々と一緒に働いていきたいと考えています。やりたいことがある人はもちろん、やりたいことは入社してから見つけたいという人も、歓迎します。

　DNPには、向上心をもって努力する方々の挑戦を後押しするため、社内副業や公募、FA制度のような、柔軟で多様な働き方を実現する仕組みが整っています。人はそれぞれ異なる個性や可能性を持っていますし、若い時には気づかず何年か経ってから気づくこともあると思います。その時にDNPで思う存分、力を発揮していただくための制度です。皆さんが個の強みを活かして活躍するための環境や仕組みづくりに、これからも取り組んでいきます。

ABセンター
事業開発ユニット
未来創造ラボ
安藤さん

ABセンター
事業開発ユニット
未来創造ラボ リーダー
野内さん

未来のあたりまえをつくる「XRコミュニケーション事業」

リアルとバーチャルを融合させるXR*技術で人と社会をつなぎ、新しい体験と経済圏を創出する事業を始めています。

*XR（Extended Reality）：現実世界と仮想世界を融合し、新たな空間を創造する技術

メタバースとリアル
相互作用で拡大する"可能性"

野内：DNPは、これまで培ってきたP&I（Printing & Information）技術を活用して、現在顕在化している課題を解決するためのフォアキャストと、未来に起こりうる潜在課題や人々の価値観の変化に対して、社内外の新しい技術を用いて価値創造するバックキャストの2つのアプローチでXRコミュニケーションの社会実装を目指しています。

安藤：フォアキャストアプローチでは、不登校や日本語の支援が必要な生徒に学びながら第三の居場所を提供する「メタバース空間を利用したラーニングシステム」や、リアルの場に行けない方が公的な手続き相談や地域交流ができる「メタバース役所」などのサービスを提供しています。

　今ある課題に対して、XR技術でメタバース空間とリアルをつなぐことで、コミュニケーションを創造し、生活者の体験を向上させる取り組みを進めています。

野内：加えて、実在の場の拡張し「リアル

の価値をバーチャルで高める」取り組みにも注力しています。例えば東京・市谷のDNP加賀町ビルをデジタルツインとして構築し、リアルとバーチャル双方で社内展示会やセミナーなどの交流会を実施し日本全国の社員とつながる場を提供しています。毎年バージョンアップしながら世界で働くDNP社員とも距離や言語の壁を越えて交流していこうとしています。

　リアルとバーチャルの相互作用によってそれぞれの魅力を拡大することで、「どちらも面白い」と感じられる体験が生まれます。社内で補えない開発は、ベンチャーやスタートアップの企業と協働で取り組み、さらに自治体とも連携しながら、多角的な実証実験を繰り返しています。

未来のあたりまえを想定し、先んじて手を打つ仕事です

「XRコミュニケーション」で新しい体験価値と経済圏を創出

メタバース役所

各種の申請や手続きなど、行政サービスをメタバース空間で提供し、自治体と住民双方の負担を軽減します。地域コミュニティを形成する住民交流の場も。

バーチャル宮下公園

現実の公園をバーチャル空間で表現。渋谷区や企業、クリエイターとの共創により、公園の価値向上やコミュニケーション創出、地域活性化を推進しています。

メタバース空間を利用したラーニングシステム

メタバース空間を利用したシステムで、不登校の子どもや日本語指導が必要な児童・生徒に、多様な学びの選択肢と"第三の居場所"を提供しています。

「こうなったらいいな」を妄想して、より良い未来につなげます

楽しい未来はより楽しく
ネガティブな未来は回避する

野内：バックキャストアプローチとしては、未来で"あたりまえ"になっているものを想定し、先んじて手を打つことが仕事です。想定が正解かどうかは実際にその時が来なければわかりませんが、インターネットが始まったときにECで買い物することが想像できなかったように、新しい価値観が生まれ、そこで必要とされる新規事業を創出することに私たちは挑戦しています。

安藤：「こうなったらいいな」をたくさん妄想して、その実現のために何をすべきかを考え続けた先が、より良い未来につながっていくと思っています。メタバースなどのXR技術を身近に感じられない方がまだまだ多いので、興味を持っていただくための取り組みにも注力していきたいです。

野内：スマートフォンからメタバース空間にアクセスできるよう、Webブラウザから提供できるXRサービスをメインに開発してきました。これもXRを社会に根づかせるための工夫の1つです。

社内だけでなく、さまざまな企業と協力しながら新規事業を成長させていく過程はとても面白いですし、社会貢献度の高さに大きなやりがいを感じています。

P&I LAB.
TOKYO

CO-CREATION ZONE
共創ゾーン

未来の
あたりまえをつくる
「昆虫プロテイン
ビジネス」

イメージングコミュニケーション
事業部が手掛ける新規ビジネス。
魚の養殖用飼料として昆虫に着
目し、食糧問題の解決に取り組
みます。

イメージング
コミュニケーション事業部
事業企画本部事業企画部
事業開発グループ　リーダー
山崎さん

イメージング
コミュニケーション事業部
事業企画本部事業企画部
事業開発グループ
平井さん

世界的なタンパク質危機を
昆虫プロテインで解決する

山崎：数年以内に始まるとされている「タンパク質危機」は、タンパク質の需要が供給を超過する世界的な社会課題となっています。私たちは"食の未来"を守るために、2023年に昆虫プロテインビジネスを立ち上げました。

　いくつかの代替タンパク質がある中でDNPが昆虫に着目した理由は、栄養素の高さと新規性です。代替タンパク源としての昆虫は、ここ数年話題にはなっていますが、培養肉や微細藻類などに比べると当時、取り組んでいる企業が少なかったため、参入の余地があると考えました。

平井：また、現在養殖魚のエサに使われているのは天然魚の魚粉です。養殖の鯛を1キロ生産するのに5キロの魚粉が必要とされており、持続可能性の低いことが課題になっています。そのため養殖魚の原料に使用されている魚粉の代替として昆虫プロテインを活用できれば、これまでと同じ食を守ることができると考えました。

　ミールワームという昆虫を粉末に加工した昆虫プロテインは、高たんぱく、高栄養価で飼育における環境負荷が低いため魚のエサに利用できるようになれば、食糧問題の解決に貢献できます。愛媛大学と共同研究を進めていて、昆虫を自動で飼育する装置の試作機が稼働を始めたところです。

　この飼育装置の開発には、Lifeデザイン事業部が開発した、ペットボトルを膨らませながら飲料を充填する無菌充填機の設計知見が役立っています。

山崎：DNPにはそれぞれの技術を持つ多様な部署があり、さまざまな専門知識を持つスペシャリストがたくさんいます。私たちのチームにも、化学を学んでいた社員や

多様性はDNPの強みです
スペシャリストがいっぱい

昆虫プロテインとは？

食の「未来のあたりまえ」を守る
持続可能な昆虫養殖を大学と共同研究

飼育時の水や土地利用面積が少なく、温室効果ガスの排出量も少ないため、環境負荷が低い昆虫。タンパク質の含有比率は肉や魚と同等以上で、人間に必要な必須アミノ酸も含み、ビタミン・ミネラルなど栄養素も豊富です。

DNPは愛媛大学との共同研究で、昆虫の中でも雑食性で繁殖能力が高いミールワームを粉末にした昆虫プロテインの開発を推進。養殖魚などのエサに混ぜることで、国内の養殖魚生産における飼料利用リスク（価格上昇・輸入依存・社会情勢の影響など）を低減し、生産コストを抑えながら生産効率を向上させる効果が期待されています。

生物の研究していた社員などが参画したおかげで、新たなアイデアが生まれ、いくつもの難局を乗り越えられました。

社内のカルチャーと制度で
挑戦と成功を後押しする

昆虫プロテインの力で
これまでと同じ食を守りたい

山崎：当初、事業部長からは「2〜3年で成果が出るとは思っていない」と言われていました。多くの事業を手掛けてきたDNPだからこそ、すぐに思うような成果が出なくても、"続けなければ成功は手に入らない"というマインドが根づいています。事業の進捗報告なども「相談したい時だけでよい」と言ってもらえたので、短期の成果に追われず、腰を据えて挑戦する余裕が生まれました。

平井：自分がやりたいと思ったことを認めてもらえて、挑戦できること自体が楽しいですし、協力してくれる人たちがまわりにいる環境も恵まれていると思っています。

山崎：部署のメンバーだけでなく、就業時間の20％を目安としてコミットが認められる社内複業制度などを利用して協力してくれるメンバーもいます。社内公募をかけると、こちらが求める知識を持った専門家が意外な部署にいることもわかります。多角的な事業展開をしているDNPならではの多様性の表れです。

平井：さまざまなスキルや経験、バックグラウンドを持つ社員がプロジェクトを起点につながり、時には部署を越えて協働できる環境に、大きな価値を感じています。

山崎：やりたいことに挑戦できるカルチャーがあり、実現するための人材がいて、サポートする制度が充実しています。あとはやりたいことを見つけて挑戦するだけです。

　新しいことを成し遂げたい方、社会課題の解決に取り組みたい方にとって、最適な環境が揃っていると思います。

やりたい！を仕事に。
副業で恐竜コンサルタント！

グループリーダーを務めながら、フリーランスの恐竜コンサルタントとしても活躍中！　自分の強みの可能性を広げています。

情報イノベーション
事業部
宮澤さん

徹底したセルフブランディングでチャンスをつかむ

　本業では、ソーシャルコミュニケーション本部の空間開発の仕事でグループリーダーを務めています。もともと好きだった「恐竜」を自分の強みとして、フリーランスの恐竜コンサルタントを副業で始めたのは、2019年に副業制度ができたからです。

　入社当時は恐竜関連の仕事はなかったのですが、通信制大学で学芸員資格を取得したり、「宮澤＝恐竜」のイメージをつけるために恐竜デザインの服を毎日着たりしてセルフブランディングしていたところ、2017年頃から恐竜関連の仕事の引き合いをもらい始めました。2019年に上野の国立科学博物館で開催された恐竜博では、ARやプロジェクションマッピングを使った展示演出の企画から制作実装に携わりました。

　規模の大小にかかわらず、恐竜の仕事なら何でもやりたいと思っていましたが、会社として仕事にするには、ある程度の利益や会社としての意義を見い出せないとなら

副業の一例（恐竜関連のイベント開催の様子）

ないため葛藤も感じていました。そんなタイミングで、副業制度ができたんです。

　副業について、周囲から反対はありませんでした。恐竜が好きなことは周知の事実（セルフブランディングの成果！）でしたし、本業で実績を出してきたからこそ快く応援してもらえたと思っています。

　この制度は「フリーランスの恐竜コンサルタント」という肩書きで申請してもOKが出るほど、いい意味でゆるく設定されていて特別な資格も必要ありません。社員を信じ、自主性を重んじているのが伝わってくるので、副業で得た経験や知識を本業に還元していきたいです。安定した基盤を持ちつつ、挑戦し、可能性や選択肢を広げられるすばらしい制度だと感じています。

やりたい！を仕事に。
17年目のFA宣言

大日本印刷（DNP）

部署異動は足りない経験と
スキルをプラスして
「キャリアのパーツを埋める」
手段だと考えています。

高機能マテリアル
事業部
島田さん

まわりの理解と社内制度で
理想のキャリアを実現できる

　入社して17年間、さまざまなキャリア支援制度を活用し、キャリアを歩んできました。直近は、「社内FA（フリーエージェント）制度」を活用し、長く携わってきた事業分野から離れて、他事業への挑戦をすることになりました。

　「自社製品を海外に販売したい」と希望を出したところ、機能性包材の「IB-Film」

を扱う部署から声がかかり、現在は海外向けのセールスやプロモーションに携わっています。DNPの名前が通じない海外で、どう市場を開拓していくか、どう売っていくかを考える仕事に興味がありました。

　異動して思うのは、どの組織に行ってもまわりの理解が非常に大きいということ。気持ち良く送り出し、迎え入れてくれる文化があり、お互いのワーク・ライフバランスを尊重する組織風土があります。子どもが生まれてからは、特にそう感じます。子育てをしている社員が多く、男女問わず保育園の送り迎えなどもしていて、「支え合って当然」の空気があるので、安心して仕事にも挑戦できます。

　私にとって組織を異動して違う仕事をすることは、自分のキャリアに"足りないパーツ"を埋めていくイメージです。実際に、知見や経験が足りない部分、もっと伸ばしたい部分を強化するために新たな領域に飛び込んで、実現してきました。やりたいと声に出して動き出しさえすれば、やらせてもらえる。そんな環境があるからこそ、自分が望む形でキャリアを形成できています。

● キャリア支援制度

キャリアチェンジを図りたい	● 自己申告制度
	● 人材公募制度
	● 社内FA制度
キャリアの幅や質を向上させたい	● 複線型キャリア役割等級制度
	● 専門職認定制度
	● マイスター制度
	● 社内副業制度
	● 社内留学制度
	● 資格取得奨励制度
	● 自己啓発
	● 人事異動・担当変更

D&Iに「当事者意識」を持つ！

今後も重要なテーマであり続けるD&I。
DNPはD&Iを身近に、自分のこととして感じ、当事者として実践していくため、さまざまなイベント・施策を展開しています。

ダイバーシティウィーク

ダイバーシティウィークはD&Iの推進と、社員の当事者意識の醸成を目的とした社内イベントです。毎年テーマを変えて開催しており、第5回（2025年）のテーマは「インクルージョンループをまわそう！」です。各職場でこのループをまわすための、さまざまな企画を実施しました。
毎年、基調講演をリアル会場とオンラインのハイブリッドで開催するほか、社内複業者や有志による企画など、約20種類もの多彩なプログラムを実行しています。
ほとんどのイベントを手話通訳付きで実施し、今年は一人ひとりに「インクルージョンループカード」を配布しました。製造・研究開発・企画・営業など多様なメンバーが参加しやすくなる施策を全国で実施するなど、部署横断的にD&I活動を展開しています。

第1回 2021年	テーマ　ダイバーシティ 〜違いを楽しむ1週間 自分の意識をバージョンアップ！〜	第3回 2023年	テーマ　SOUZOU（創造と想像） 〜違いを掛け合わせる2週間 新たな一歩、確信の一歩〜
第2回 2022年	テーマ　包摂（インクルージョン） 〜違いをチカラにする2週間 聴き、受け入れ、わかり合う〜	第4回 2024年	テーマ　感謝 〜感謝の効果を知る・ 実践する・経験を共有する〜

男性育休100％宣言

2020年12月、DNP代表の北島社長が社内外に向けてこの宣言を発信。育休取得者の体験談を広く共有するなど、安心して男性社員が育休を取得できるよう後押ししています。目標である100％達成に向け、取得率、取得日数共に増加しています。

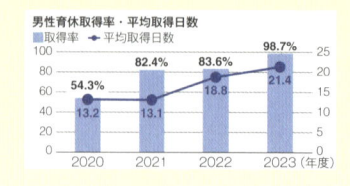

男性育休取得率・平均取得日数
■取得率　◆平均取得日数

	2020	2021	2022	2023（年度）
取得率	54.3%	82.4%	83.6%	98.7%
平均取得日数	13.2	13.1	18.8	21.4

インクル上司®

一人ひとりの違いを尊重し、受け入れ、その多様性を活かしている管理職のことを「インクル上司®」と名づけ、全社に周知しています。管理職が実践していることを共有して、組織全体に「あたりまえ」の意識を広げています。

「未来のあたりまえをつくる。」
仲間を求めています

（ DNPが求めているのは、
"高い志を持ってビジョンを描き、
「未来のあたりまえ」を体現できる人"。 ）

「未来のあたりまえ」とは、
社会の課題を解決する製品やサービスを生み出し、
それらが私たちの身近に、なくてはならない存在になることです。

そのためには、社員一人ひとりが今まで以上に社会の変化に敏感になり、
生活者と社会に目を向けながら、それらのニーズを的確に見出し、
DNPの総合力を活かしてビジネスにしていくことが求められます。

「どんな未来にしたいか」というビジョンを描き、
あらゆるパートナーとともに「あたりまえ」に変えていける、
そんな新しい仲間を、私たちは待っています。

DNP
採用チーム

DNP　新卒採用サイト

株式会社NTTデータグループ

豊かで調和のとれた社会づくりを目指して

ビジネスの源泉である、「人」が成長できる環境をつくる

株式会社NTTデータグループってこんな会社!

IT業界として日本1位、世界50か国以上に拠点を持ち、世界でも6位。NTTデータグループは、豊かで調和のとれた社会づくりを目指し、デジタル技術を活用したビジネス変革や社会課題の解決に向けて、コンサルティングからシステムづくり、システムの運用に至るまで、さまざまなサービスを提供しています。

商品を持たないIT事業において、価値を生み出すのは「人」。従業員それぞれが働きやすい環境で成長していくことは、企業の強さに直結します。同時に社員にとっては、従業員数20万人という組織の中で、多種多様なチャレンジができる環境でもあります。

組織と社員が共に高みへと上っていく。そのために、さまざまなサポート体制が整えられています。

多様な人財が力を
最大限発揮する
DEIの実現で事業を
さらに高みへ

株式会社NTTデータグループ
代表取締役社長
佐々木 裕さん

人財のコラボレーションで
多様性を総合力に変えていく

NTT DATAは、1988年に創立された情報サービス企業です。私たちは企業理念として「情報技術で、新しい『しくみ』や『価値』を創造し、より豊かで調和のとれた社会の実現に貢献する」を掲げています。これは創業当時から変わらず大事にしている信念で、お客様の事業や社会課題の解決に向けて、最先端の情報技術を駆使し、革新的なソリューションを提供してきました。

最近はデジタルの時代となり、お客様の決めた要件に基づいてシステムの開発・納品を行うにとどまらず、お客様のビジネスを理解した上で、環境の変化、技術の変化に迅速に対応し、お客様の「成果」の実現にこだわっていきたいと考えています。

お客様のニーズに応えるためには、社会の未来を構想するコンサルティング力と構想を実現するためのエンジニアリング力の両方を磨いていく必要があります。

また、NTT DATAは50以上の国や地域でビジネスを展開しており、グローバルで20万人の仲間がいます。今後のさらなる事業拡大に向け、国内・海外のニーズ、商習慣、法規制を踏まえて、事業環境の変化に迅速に対応していく必要があります。

このような状況から、NTT DATAの社員の多様性を高め、さまざまな知識・スキル・個性を持つ人財がコラボレーションすることで多様性を総合力に変えていくことがより重要であると捉えています。NTT DATAがDEI（ダイバーシティ、エクイティ、インクルージョン）の実現に取り組むのは、まさに事業をさらなる高みへと引き上げるために、必要不可欠なことだからです。

NTT DATAは、これからも多様な人財が多様な働き方でそれぞれの力を最大限発揮できる環境の実現を目指してまいります。

新旧推進室メンバーが語る
DEI　過去、現在、未来

初代ダイバーシティ
推進室　部長
中西さん

「決して順風満帆の船出ではなかった」。現在へと続く航路を描いた初代部長は、「座る間もなく動き回った」と振り返ります。

500人の部長層全員に
ワークショップを実施

2008年にダイバーシティ推進室が設置され、私は担当課長を拝命しました。職場環境を改善していこうと、社員の自発的な活動も生まれ始めていた頃でした。

私は長年、社員満足度調査に携わっていました。そこで気になったのは、「社内にロールモデルがいる」「10年後この会社で働き続けられる」といった項目に対するポジティブな回答が、男性よりも女性の方が低かったことです。そして入社後3年から10年くらいの間で、女性の退職率が急に増えている。その理由の半分が出産・育児でした。まずは、女性の働く環境を改善することから始めました。

私たちの考える施策に対して、社内では反対や疑問、賛同などさまざまな声が挙がりました。それでも現場のリアルな声を集め、管理職層に聞いてもらいました。しかし、変化は一部。一人残らずやるしかないと、500人くらいの部長層全員にワークシ

ョップを行いました。さらに社内浸透のために経営層を招いたセッションや、著名人による講演会。デスクに座る間もなく活動する中で、少しずつ理解してもらえるようになりました。

必要とされる活動を
根づかせることがミッション

いろいろな障壁がありました。でも、改革を必要としている人がいる。であれば、活動を根づかせなければいけない。それが私のミッションでした。

私たちの前提は、すべての人が働きやすい職場をつくることでした。ダイバーシティのテーマはいろいろありますが、まずは、女性活躍の課題から始めました。その仕組みを、他の課題に応用するシナリオをつくっていました。

それが今、新しいメンバーに引き継がれ、女性活躍だけでなく、さまざまな成果がもたらされ、女性社員の育児休暇からの復職率は100％になっています。今後もますます活躍してくれると思います。

ダイバーシティにおける課題は、どんどん複雑になっています。今のダイバーシティ推進室が持つ、大きな視点から世の中を見据える姿勢はすばらしいと思います。引き続き、精力的に活動してください。

NTT DATAの「DEI推進室」は2008年の立ち上げから、さまざまな課題に取り組んできました。その実行力は、チームに受け継がれる「働きやすい環境が会社を成長させる」という価値観から生まれています。

NTT DATAにとって、DEIはなぜ必要なのか。その軸を変わらず持ちながら、取り組む課題は多方面へと展開しています。

人事本部
DEI推進室長
土佐さん（左）

人事本部
DEI推進室 課長
豊島さん（右）

エンゲージメントを高めるさまざまな取り組み

「Bloom the Power of Diversity」というステートメントのもと、NTTグループでは、世界共通で多様な人財の活躍とDEI実現に向けて取り組んでいます。長年にわたり、「多様な人財の活躍」とそれを実現する基盤となる「働き方変革」の2軸でさまざまな取り組みを実施してきました。

●女性活躍

ダイバーシティ推進室ができて最初に取り組んだのが、女性が働き続けられる制度・環境整備です。具体的にはテレワークや裁量労働制の導入、企業内託児所の設置などでした。そこから、2016年の女性活躍推進法が大きな契機になりました。ロールモデルとなる女性像の発掘やネットワーキングとして、女性部長によるメンタリングや、お子さんを持つ女性のコミュニティ形成を進めていきました。

2021年頃からは、女性活躍の阻害要因を解消し、自分らしい働き方を実現するステップに進んでいます。役員向けのマインド変革研修や、女性向けのキャリアをポジティブに考える研修といった取り組みをしています。

●障がい者活躍

「NTTデータだいち」という特例グループ会社が中心となって障がい者の雇用・活躍を担っています。在宅中心のweb関連業務、拠点ビルの清掃や古紙回収、那須での農業事業など、重度の障がいのある方でも、愛着を持って長く働き、活力を見出してもらうことを大事にしています。

もともとは法に基づく要請がきっかけでしたが、今の課題は、障がい者の方々を事業にインクルージョンしていくことです。社内では、そうした空気も醸成されているように感じます。社内で働く姿を目にすることもあれば、元気良く「こんにちは」とあいさつしてくれることもある。そうした交流の中で、みんなの中に意識が生まれるのだと思います。

DEIは「新しい取り組み」から「当然必要とされること」へとステージが変わってきていると感じます。中西さんたちが土壌を整えてくれたことに感謝し、その上に良い建物をつくれるよう頑張っていきます。

NTT DATAに入ってから障がいを持つことになった方もいます。そういった方々を含め、個別に必要な配慮と周囲の理解促進を進めていこうと考えています。

•LGBTQ+

LGBTQ+の側面では、心理的安全性の中で働ける環境を整備しつつ、理解・支援を促進する取り組みを実施しています。

例えば、東京レインボープライドには毎年参加し、2024年にはNTTグループ8社とその関連会社の社員や家族、友人約220名がパレードを行いました。アライメンバー（支援者）も非常に多く、2023年5月時点で500名を超えています。

また、配偶者とその家族に関わる制度全般について、原則、同性パートナーなどにも適用を拡大しています。

•育児・介護との両立

育児・介護と仕事の両立という点では、

男性を含めて、育児、介護を理由とした休職、短時間勤務、残業や深夜勤務の制限・免除など、法定を上回る制度が整っています。また、制度を整備するだけではなく、社員が気兼ねなく利用できる雰囲気になっています。育休明けには上長や人事担当者との3者面談を実施しています。復職後も不安なく働けるよう、会社としてもサポートしています。

•外国籍人財の採用

近年は海外の大学向けのリクルーティングも行っており、特に開発系の人財として、中国やインドからの採用が増えています。

外国籍の社員がそれぞれの組織の中で受け入れてもらえるように、オンボーディングなどのサポートを手厚くしています。また、宗教面が重視されることが多く、食堂のビーガンメニューや、イスラム教の礼拝用のプレイルームを用意しています。

•中途採用

中途採用の方が職場に馴染みやすいように交流会を行っています。当社に入る前にどう考えていて、入ってみてどう感じるかといったような、経験者だからこそ感じる課題感や悩みを話し合ってもらっています。

•エンゲージメント調査

全社員に対して毎年エンゲージメント調

女性活躍、LGBTQ関連などダイバーシティに関する外部認定・評価も多数受けています。

中西さんたちのおかげでDEIに関心を持つ社員が増え、そこにアプローチすることができています。その思いを引き継ぎながら、これからもDEIを大事にする仲間として一緒にやっていきたいと思います。

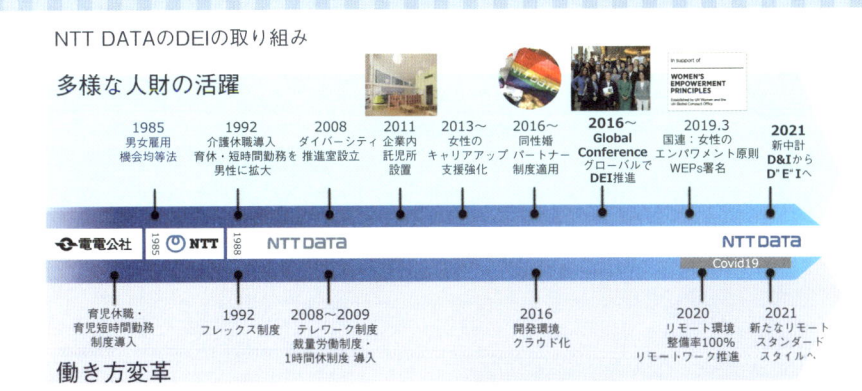

NTT DATAのDEIの取り組み

多様な人財の活躍

| 1985 男女雇用機会均等法 | 1992 介護休職導入 育休・短時間勤務 男性に拡大 | 2008 ダイバーシティ推進室設立 | 2011 企業内託児所設置 | 2013〜 女性のキャリアアップ支援強化 | 2016〜 同性婚パートナー制度適用 | 2016〜 Global Conference グローバルでDEI推進 | 2019.3 国連：女性のエンパワメント原則WEPs署名 | 2021 新中計D&IからDE²Iへ |

電電公社 1985 NTT 1988 NTT DATA NTT DATA
Covid19

働き方変革

| 育児休職・育児短時間勤務制度導入 | 1992 フレックス制度 | 2008〜2009 テレワーク制度・裁量労働制度・1時間休制度 導入 | 2016 開発環境クラウド化 | 2020 リモート環境整備率100% リモートワーク推進 | 2021 新たなリモートスタンダードスタイルへ |

査を行っています。「この会社で働くことを誇りに思う」の項目について、約70%の社員が肯定的な回答をしています。

仕事を通して社会貢献ができることや、会社に対しての将来性を感じてくれているところが大きいのだろうと思っています。

ビジネスの源泉である「人」が働きやすいように

当社のようなSI（システム・インテグレーター）事業では、人がビジネスの源泉です。売る商品を持つわけではなく、人がつくり出すシステムやサービスをお客様に提供しているわけです。また、一人でできる仕事ではなく、社員同士やパートナー企業の方と一緒に仕事をしていきます。

そのため、チームワーク良く、周りの人たちと共存していくという価値観を会社全体で共有しています。つまり、それぞれが特性を活かして活躍するということは、事業戦略に直結します。毎期の中期経営戦略の中でも、必ず人財の成長や組織力の最大化がテーマとして上がります。

DEIに対する取り組みは、「社員が成長

できる環境をつくることが事業の成長につながる」という認識でやってきました。当社が「女性活躍」という言葉を使い始めたのは2021年。女性の力を最大限活かすためにはどうすれば良いかと考えて、活躍しやすい環境整備を進めてきた行動が先にあり、その結果で「女性活躍」という言葉が追いついてきたイメージです。

マイノリティにフォーカスすることももちろん必要ですが、大事なのは、社員一人ひとりに意欲をもって働いてもらうことです。あらゆる社員がこの会社で価値を見出して働けるような環境をつくっていかなければいけません。この会社に魅力を感じて、働き続けてくれる、あるいはこの会社に入ってきてくれる、そんな人を増やしていきたいと思います。

NTT DATAで活躍する女性たち

子育てと仕事、どちらも全力で楽しむ！

管理職

金融イノベーション本部　課長
堀さん

仕事を頑張るためにも休日の過ごし方は大切です。私は大好きなサッカー観戦にゴルフと、アクティブに動いています！

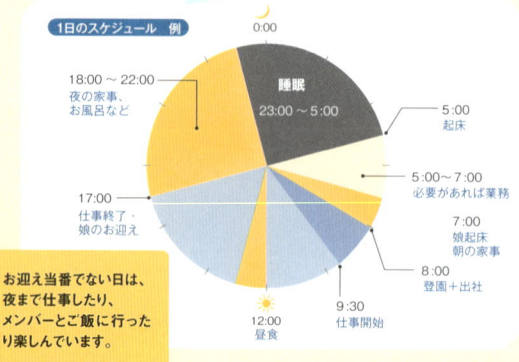

1日のスケジュール　例

- 0:00
- 睡眠 23:00〜5:00
- 5:00 起床
- 5:00〜7:00 必要があれば業務
- 7:00 娘起床 朝の家事
- 8:00 登園＋出社
- 9:30 仕事開始
- 12:00 昼食
- 17:00 仕事終了・娘のお迎え
- 18:00〜22:00 夜の家事、お風呂など

お迎え当番でない日は、夜まで仕事したり、メンバーとご飯に行ったり楽しんでいます。

　育児とキャリアを両立するためには、時間を区切って、育児と仕事のそれぞれを全力で楽しむこと。子どもとの時間は、仕事の連絡は基本お断りです。子ども最優先で一緒に遊び、たくさん話して、たくさん笑いたい。

　もちろん仕事時間をしっかり確保するために。シェアオフィスが利用できるのも便利です。ママ以外でも、それぞれの働きやすい時間、場所で仕事している人が多いです。それと意見を言いやすい雰囲気を意識的につくることができる部課長が多いと感じています。

　今後は、貴重な子どもとの時間は守りつつ、人と社会を支える時代にあった仕組みをつくっていきたいです。そして成し遂げた仕事を、子どもに伝えたいですね。

データからみる 女性活躍

女性社員比率
25%

全社員の1/4以上が女性です。女性社員の平均年齢34.8歳、平均勤続年数は11年を超えています。育休からの復帰率も100％となっています。さまざまな制度で女性の活躍をサポートします。

若手

ライフスタイルに合わせて 柔軟に働ける！

NTTデータ 第三公共事業本部
小林さん

若手

若手の自分にも仕事を 任せてもらえる！

NTTデータ
システムインテグレーション事業本部
畠山さん

　サプライチェーン全体で排出される温室効果ガスの算出を行うシステムの運用と新規機能開発を担当しています。さまざまなステークホルダーとの関わりの中で、日々の成長を実感しています。

　NTT DATAには、変化するライフスタイルに合わせて社会に貢献するシステムづくりを叶える充実した制度と社会を変える力があります。将来的には、アプリケーションスペシャリストとして、より良い社会の基盤となるシステムをつくっていきたいです。

　現在は、チームで連携しながら週3日出社しています。リモートやフレックスタイム制を活用し、家事や育児を分担している方も多く、ライフスタイルに合わせて柔軟に働ける職場だと感じています。

　NTT DATAには多様なキャリアパスがあり、いろいろなポストがあり、将来の可能性を広げられると感じました。

　現在は製薬メーカーと医薬品卸間の電子データ交換を支援する基幹システムの保守運用を担当していますが、出社は週1回午後のみです。リモートワーク環境が整備されており、効率良く業務を進められます。また通勤時間が不要のため、時間を有効に活用できる点が魅力です。

　若手の自分にも責任感のある仕事を任せていただけるため、どんなことでも臆せず、「とりあえずやってみる」精神を大切にしています。1つの分野にとどまらず、幅広い業務を経験し、「○○といえば畠山！」と自信を持って言えるような専門性を見つけていきたいです。

女性管理職比率

11 %

管理職全体3,027人のうち327人が女性です。その割合はこの10年で約3倍になっています。管理職手前の課長代理層の女性の割合は18.7％。性別に関係なく、活躍できる土壌があります。

新卒採用者の 男女比率

6:4

ITサービスは男性が多いという印象があるかもしれませんが、2023年4月入社の新卒採用者の約40％が女性です。また、理系のイメージもあるかもしれませんが、その4割が文系出身です。

新旧「イクメンの星」対談

NTT DATAでは男性の育休取得も推奨しています。そこで得られるものについて2人のイクメンに対談してもらいました。

NTTデータ
コンサルティング事業本部
鈴木さん
2021年に育休を取得

NTTデータ テレコム・ユーティリティ事業本部
堀川さん
2008年に育休を取得

男性育休取得率
（育児目的休暇含む）　**105.7**%

キャリアに対する不安は女性も同じ

堀川　私は1人目のときに準備が不十分で、育休を取れませんでした。2人目ができたときに今度は取りたいと、周囲にパパキャラをアピールして根回ししました。

鈴木　私は3人目のときに。上の子たちのときに、女性の不安や負担がとても大きいと感じたんです。堀川さんたち先輩のおかげもあって、職場ではスムーズに受け入れてもらえましたが、学生時代の友人からは「正気か？」と言われました。出産と授乳以外、男女平等だと思うのですが。

堀川　私も全く同じことを思います。私が育休を取ったときも、女性は「応援するよ」と言ってくれるんですが、男性は「本当に取るんだ」といった反応でした。

鈴木　正直、キャリアに対する不安は感じましたが、それは女性も同じです。妻が育休を取ったことを振り返って、「不安だった」とこぼしたのを覚えています。

堀川　価値観や常識を変えるのは難しいかもしれません。でも、数日でも良いから育休を取る人が増えていくことで少しずつ変わっていくのだと思います。

子育ては期間限定のプラチナチケット

鈴木　育休中は大変でしたが、今振り返れば自分のキャリアを棚卸しする貴重な時間になったと思います。数か月も仕事から離れるなんて、なかなかないことですから。

堀川　私も長いスパンで人生を考えるいい機会になりました。仕事ばかりだと、目の前のことしか考えられません。子どもがいることで、「6年後は小学校だな」「巣立ったらどう過ごそう」と考えるようになる。それに、夫婦の仲が子どもにも影響します。夫婦仲良く、希望を前提に将来を考えられる宝物のような時間だったと思います。

鈴木　私も、子どもの成長は夫婦が仲良くいてこそだと思います。育休の取得には、その意味もありました。

堀川　子育ては男性にとっても期間限定のプラチナチケットです。同じ時間は二度と味わえません。

鈴木　そうですね。みんな「育休取るけど、何か文句ありますか？」といったスタンスで考えてほしいと思います。

社員の声　経験者採用も増えてます

　新卒で入社した損害保険会社で営業や代理店経営支援を経験しました。転職を機にコンサルタントに転身し、DX企画・推進に従事しています。NTT DATAは、キャリア採用も多く、ナレッジ共有が盛んで、自分の前職での知識や経験に対する関心の高さも想像以上でした。コンサル業界には人間関係がドライなイメージもありましたが、NTT DATAは風通しも良く、役職問わず助け合う文化があります。チームで成長できる環境も魅力ですね。

　福利厚生も充実しており、安心して仕事に集中できます。今後はさまざまなプロジェクトでスキルを磨き、お客様の経営と現場を一体としてつなぎ、目指す姿や仕組みの実現を主導できる人財になりたいです。

NTTデータ
コンサルティング事業本部
鈴木さん

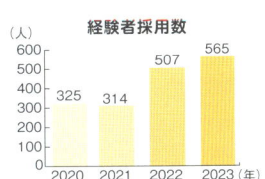

経験者採用数

年	人数
2020	325
2021	314
2022	507
2023	565

社員の声　グローバル人財も活躍中

　3年目に海外事業に携わりたい若手が受ける研修に参加しました。そこでの海外グループ会社の同世代と出会いは、私にとって大きなものでした。そのつながりは広がっていき、「Youth Council」というコミュニティに立ち上げから参加しました。そこではNTT DATAの職場環境について役員へ提言をしたり、英語でセミナーを開催したりしています。

　現在は海外グループのグローバルM&Aと売却のサポート業務を担当していますが、上司の推薦を受け、2025年に会社のサポートでMBAに行くことが決まりました。これからもNTT DATAがさらにグローバルで活躍できるよう、グローバルプレゼンスの強化に携わる仕事をしていきたいです。

**NTT DATAが構える
海外拠点の国の数と連結の従業員数**
50 か国　**19.4** 万人

NTT DATA, Inc.
CFS Business Management D
武田さん

ダブルワークで成長中

NTTデータ　第二金融事業本部
菅原さん

　本業として信用金庫の勘定系システムにおける業務アプリケーション開発を行いながら、社内副業制度"デュアルキャリアプログラム"を活用して、自動車開発統括部において、サーキットモードアプリの開発にも携わっています。

　業務の割合としては、本務8：兼務先2。両方の仕事の拠点は異なりますが、テレワークなら1日のうちに両方の業務に取り組めますし、フレックスタイム制も活用しています。

　仕事は可能な限り定時で終わらせるようにしています。平日の夜や休日は、仕事を忘れて趣味のドライブへ。千葉や横浜を車で走らせ、リフレッシュしています。趣味（車）と仕事の関わりを最大限つくることができたら幸せですね！　いつかサーキットデビューしたいです。

"Best Place to Work"

　NTT DATAでは社員一人ひとりにとっての"Best Place to Work"の実現を掲げ、上長とのキャリア面談、社内で副業を行うデュアルキャリアプログラム、社内外の相談員によるキャリア相談などをはじめ、社員のキャリア自律を支援する多様な取り組みを行っています。

　総合能力と専門性の双方を重視しながら、専門性ごとの社内認定制度（プロフェッショナルCDP）を基盤として、マネジメント系はもちろん専門性でのキャリアアップを目指せる制度も整備。NTT DATAには文系・理系出身を問わず、主体的な行動を続けることで「自分らしいキャリア」を歩むことができる環境があります。

人事本部
人財開発担当
楢原さん

人事本部長に聞く

ITの巨大企業だからこそチャンスがある。チャレンジを支える制度について紹介します。

NTTデータグループ
執行役員　人事本部長
柳町 暁さん

グローバル企業だからこその多種多様なチャンス

当社の魅力は、多種多様なチャンスがあることです。顧客の幅はとても広く、グローバルにも展開しています。この中で異動することは、転職にも近いでしょう。

その中で、私たちが伝えているのは、「なりたい自分になろう」ということ。そのチャレンジを支える制度を紹介します。

●上位マネージャーとのキャリア面談

キャリア面談は、部長以上の上位マネージャーとの実施を推奨しています。知識や人脈が豊富で、セグメントに制限されない幅のある人事を実現できます。

●専門性に応じた多様なキャリアパス

当社では、早い段階で管理職を目指したり、テクニカルグレード制度として、同じ業務で専門性を高めてスペシャリストとなるキャリアパスがあります。多様なキャリアパスを実現できる制度を整えています。

●デュアルキャリアプログラム

いわゆる社内副業制度として、所定労働時間の2割は「自分で見つけたやりたい仕事」にトライできます。「お試し」ではなく、業務に対する責任があり、評価の対象にもなるため、挑戦する機会となります。

●ヤングトレーニー制度

20代後半〜30代前半の若手社員が海外トレーニーポストで1年間のトレーニングを行い、将来のグローバル人財として経験を積むことができるプログラムです。グローバルへ挑戦することができます。

●充実の福利厚生

社員に長く働いてもらうため、家族も含めて支える制度がたくさんあります。特に好評なのが、次のようなものです。
- ・家族向け人間ドック
- ・フィットネスジムの割引
- ・配偶者の海外転勤帯同休暇

さらに充実させていきます。

大きな会社の中で安心してチャレンジできるように

この会社は、何より「人」が良いと感じます。真面目で向上心があって、魅力的です。そんな人たちから刺激を得ながら、自分のキャリアを考えてほしいと思います。社内での対話の量を増やして、いろいろな施策を考えていきます。大きな会社の中で、安心してチャレンジしてください。

株式会社AOKIホールディングス

ファッション、エンターテイメント、ブライダル……

幅広い事業分野で「働き方の多様性」を実現する

AOKIホールディングスってこんな会社!

　AOKIホールディングスは1958年に「ビジネスマンが日替わりでスーツを着られる世の中にしたい」という想いから誕生しました。以来、「社会性の追求」「公益性の追求」「公共性の追求」という3つの経営理念に基づく企業活動を推進しています。

　家族や友人との時間、重要な仕事など、人生のさまざまな場面を美しく輝かせるために、ファッション、エンターテイメント、ブライダルなどの幅広い分野で事業を展開しています。

　当社では、グループで働くすべての従業員がやりがいを持って輝ける環境づくりを進めています。一人ひとりの個性、志向や能力に応じたキャリア形成を支援すると同時に、多様性を最大限に生かして活躍できる、風通しの良い組織文化の醸成を目指しています。

「人財価値」と「社会的価値」を高めるために

AOKI Holdings

AOKIホールディングス
代表取締役社長
田村春生さん

DE&I促進で社員が安心して活躍できる環境づくりを

　AOKIグループは男性向けのスーツの販売からビジネスを始め、今では女性や学生、シニア層、海外のお客様など、性別、年齢、国籍の異なる方にご愛顧いただいています。

　私たちのビジネスの基本は「接客」にあります。お客様が多様化する中で、接点となる社員にも性別や年齢、価値観などの制約がなく、安心して活躍できる職場環境の提供が重要だと考えています。

　私たちは少子高齢化の加速、デジタル革命など、大きな時代の変化に直面しています。その中でAOKIグループでは、この時代の変化を推進力として、イノベーションに挑戦するために、サステナビリティビジョンを「"喜び"のイノベーションで、より良い未来を」としています。これには多様性を生かし、当社が大きく成長していくという意味が込められています。

グループ横断でプロジェクトを推進

　グループ横断の取り組みとして、「働き方の多様化」「社員のエンゲージメント向上」などを進めています。多様性への理解を深めるべく、コミュニケーションの機会を増やし、社員と対話する場や情報交換の機会も設けています。

　私、個人としても、社員とのコミュニケーションの機会を大切にしながら、DE&Iに関する勉強会や研修に積極的に参加し、理解を深める努力が必要だと感じています。誰しも過去の経験などから、無意識の思い込み（アンコンシャス・バイアス）を持ってしまう可能性があるため、気づかないところで偏った思考や判断をしてしまわないよう、日頃から心がけています。

目指すは「企業価値の向上」

　当社の中期経営計画では、「人財価値と社会的価値を高める活動を推進し、企業価値を向上」することを目指しています。時代の変化に対応しながら、顧客層を拡大し、新しいマーケットの開発に取り組む。そのためには、優秀な人財の存在が欠かせません。多様性を受容し、心理的安全性が確保された職場で、これからも社員がのびのびと活躍できる環境をつくっていきます。

多様なバックグラウンドを
受け入れる企業文化を目指して

AOKI Holdings

AOKIホールディングス
人事部
須長さん

ダイバーシティ推進で
グループの価値を高める

　AOKIホールディングスはグループ全体の企業価値向上を目指し、事業会社間の協力を促進する役割を担っています。また、各社が文化や価値観を共有し、持続可能な成長を実現するための環境・制度を整えています。

　当社がダイバーシティ推進に積極的に取り組む目的は、異なる価値観を尊重し、多様な視点を取り入れることで、より革新性のあるサービスやアイデアを生み出す点にあります。

　そこで当社では、ダイバーシティ推進に向け、さまざまな施策を実施しています。例えば、産休・育休を取得する社員本人やパートナー、そして上司向けに復職までの一連の流れや各種申請方法などをわかりやすくまとめたハンドブックを用意しています。また、管理職への登用を積極的に増やすなど、ライフステージに合わせて女性が活躍できるように支援しています。

　このほか、外国人財を採用し、多国籍チームを形成することで、異なる文化を理解し、ともに働くスキルを高めています。

　また、障がい者雇用の促進にも注力しており、職場環境の整備を行っています。これらの取り組みは組織文化の発展を加速させ、グループ全体の業績向上にも寄与しています。

社員一人ひとりの個性を生かした
豊かな組織をつくる

　当社ではダイバーシティ推進に関するさまざまな施策を行っていますが、今後は多様なバックグラウンドを尊重する文化をいかに定着させるかという視点も重要です。

　多様性を受容する意識の定着のために、現在は教育プログラムの充実と評価制度の導入を進めています。定期的な研修やワークショップ、フィードバックなどを通じて、社員一人ひとりがダイバーシティを実感できる環境を整えたいと考えています。

　当社には、柔軟な発想力と問題解決能力を持ち、自己成長できる人が集まっています。当社で働く皆さんには、変化を恐れず、新しい価値を創造する姿勢を期待しています。個性を生かし、多様な視点を持ち寄ることで、より豊かな組織をともにつくり上げていけると信じています。

多彩なファッションニーズに
多様性のある組織で応えていく

AOKI'

AOKI
人事部
平井さん

「誰かのために」を大切にする

AOKIでは多彩なファッションニーズに応えるべく、「AOKI」「ORIHICA」などの店舗を展開し、商品の企画・販売を一貫して行っています。

「AOKI」は、お客様のライフスタイルに合わせて最適な着こなしを提案する「トータルスタイリングストア」が特徴です。一方「ORIHICA」は、ファッションの新たな価値を創造し、ビジカジスタイルの提案を通してファッションの楽しさを提供する「ニューライフスタイルストア」として展開しています。

当社が大切にしているのは"誰かのために"というマインドです。グループの経営理念に賛同し、自ら考え、誰かのために本気で行動できる人、謙虚に学ぶ姿勢を持ち続けられる人が集まり、活躍しています。

さまざまな施策で女性活躍を推進

AOKIが注力するダイバーシティ施策の1つに、「女性活躍推進」があります。女性社員に向けた社内学習会を定期的に開催したり、1on1ミーティングでコミュニケーション機会の拡大を図ったりしています。

女性活躍推進には、本人だけでなく、その上司の知識・スキルの向上も欠かせません。マネジャー層に向けても学習会を実施し、組織全体としての理解向上に努めています。これらの施策を通してキャリア形成を支援し、2030年度には女性管理職比率を20%にすることを目標としています。

お互いを尊重し、
協力して働くチームへ

AOKIでは、障がい者雇用の推進にも取り組んでおり、現在は約80人の障がいのある方が、横浜市、名古屋市、春日井市の事業所などで活躍しています。

このほか、育児による短時間勤務や、本社では在宅勤務やフレックスタイム制を導入し、多様な働き方の実現に取り組んでいます。

こうした多様性を内包した組織で、お互いを尊重し、協力し合い、チームとして目標を達成していく。その中で、社員一人ひとりが主体的に行動し、会社とともに成長できる環境を目指しています。

多様な視点を取り入れて事業を変革させる

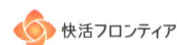
快活フロンティア

快活フロンティア
人事本部
乾さん

魅力は「活躍できる舞台の広さ」

快活フロンティアでは、グループの多角化経営戦略に基づき、エンターテイメント分野での社会貢献を事業の軸としています。

現代の人々は限られた時間の中で、価値ある時間の過ごし方を求めています。当社はこうしたニーズにお応えし、シェアリングスペース事業、カラオケ事業、フィットネス事業を運営しています。1つの会社の中で3つの業種を経験でき、活躍できる舞台の幅が広いことが当社の面白さです。

女性活躍で組織を活性化させる

現代は「VUCA」と呼ばれる先行きが読めない時代です。また、人々の消費行動が多様化し、デジタルネイティブ世代の感性に応じた情報発信が重要になってきました。

この環境下で成長を続けるためには、DE&Iの推進が欠かせません。個人の成長を後押しする就業環境の提供により、優秀な人財に選ばれる企業を目指しています。

特に、当社ではアルバイトリーダーからの社員登用を促進しています。事業の特性上、店舗にはアルバイト社員が多く在籍し

ており、アルバイトリーダーの8割は女性が占めているため、女性社員の積極採用につながっています。店舗に勤める女性社員にとって、上司が同性だと相談しやすいということもあり、労働環境の改善にも寄与しています。

また、開発プロジェクトには若手の女性社員も積極的に参画しています。店舗を利用するお客様は男性が多く、客層の拡大は会社の命題です。さまざまな顧客のニーズを的確に掴み、事業を進化させていくためにも、多様な視点は非常に大切です。

安心して働ける環境づくりを目指して

働き方の多様化に対応するために、組織改革にも取り組んでいます。例えば、店舗からの緊急連絡は、現場の担当社員不在時に、本社で組織的に対応する体制に変更しました。現場社員の負担軽減につながり、安心して働いてもらえるようになりました。

当社は、性別・年齢関係なく、公平に成長の機会があります。社員には、多種多様な経験を通じて、仲間とともに成長し続けてほしいと願っています。

社員のスキルを高め合い
最上のサービスを提供する

ANNIVERSAIRE

アニヴェルセル
人事部
富田さん

「人生最高の記念日」を提供する

アニヴェルセルでは「輝く“祝福の時”を彩る」をコンセプトに、人生最高の記念日を提供しています。当社は国内のウェディング業界で初めて「ゲストハウス」の形式を採用したブランドです。その名称はフランス語で“記念日”を意味し、結婚式だけでなく、プロポーズのお手伝いや、カフェでの記念日レストランといった幅広い記念日関連サービスも提供しています。働くスタッフの7割以上を女性が占めており、セクション長や支配人といったリーダーのポジションにも女性が多く就いています。

年齢に関係なく
チャレンジできる環境

当社には、何事もポジティブに考え、心から楽しむ姿勢を持ち、お客様や仲間を思いやるスタッフがたくさんいます。その基盤には、「どんどん手を挙げ任せる」文化や、「理屈抜きで人を喜ばせることが好き」といった価値観があります。

また、幅広い年齢層が活躍する組織風土があり、特に若手スタッフがさらに活躍す

る機会を広げる取り組みに注力しています。例えば、全店の調理スタッフが料理やデザートの腕を競い合う「調理コンクール」「デザートコンクール」や、サービススタッフが接遇力などを披露しスキルを高め合う「スキルズカップ」を開催しています。近年は新卒2年目の社員が「デザートコンクール」で入賞し、作品が商品化されるなど、実際に成果が現れています。

多様化するニーズに応えるために

ウェディングはトレンドの変化が激しい業界です。また、少人数婚やLGBTQカップルの挙式など、お客様のニーズも多様化しています。そうしたニーズに対し社員が自信をもって対応ができるよう、LGBTQ学習会、職種・階層別の教育プログラムを行うなど、研修や学習会の実施にも注力しています。さらに、結婚式実例を社内で共有し、知識とノウハウを蓄積しています。

今後もサービスを磨き上げ、すべてのお客様に最高のサービスを提供するために、社員が性別や年齢を問わず、多様なアイデアや経験を生かし、誰もが活躍できる環境づくりを目指しています。

AOKIグループ各社の
ダイバーシティ担当者が語る

3つの事業を中心に多角化経営しているAOKIグループ。
各社の推進担当者にその思いを聞きました。

AOKI 人事部	アニヴェルセル 人事部	快活フロンティア 人財採用・教育部	AOKIホールディングス サステナビリティ推進室
河野さん	**村田**さん	**野辺**さん	**上田**さん

> 特徴の異なる事業を集結させ、グループ全体でDE&Iを推進する

上田：AOKIグループのダイバーシティ推進は、各社で取り組むものと、グループ全体の推進との2つの側面があります。業態によって男女比や年齢層は異なり、課題もさまざまです。そのため、各社がいま何に困り、どう進めていくべきか、工夫しながらダイバーシティ推進に取り組んでいます。

河野：AOKIはグループの中でも一番創業が古く、私が育休を取得した頃は、結婚・出産による退職が普通でした。私は当時から人事部にいたので、それなら自分がロールモデルになろうと思い、出産後に復帰し

ました。こうして少しずつ事例を積み重ねながら、女性活躍を進めてきたところです。

野辺：快活フロンティアは600人近くの正社員に対し、パートナーと呼ばれるアルバイト社員が1万人以上働いているのが特徴です。スタッフが多い一方で、年中無休の運営体制は社員・パートナー双方の負担が大きくなります。そこで本社に「パートナ

ーサポート室」を立ち上げ、店舗からの問い合わせを組織的に24時間受け付ける体制をつくりました。パートナーは社員が帰った後の困りごとで連絡が取れるし、社員は安心して休めるようになりました。

さらに女性が活躍できる風土に改革したい

河野：AOKIでは女性活躍の推進にあたり、まず女性社員とその上司に意識調査を行いました。そこで明確になったのが、「積極的な女性の登用・育成」の風土が根づいていないことでした。紳士服から始まった当社は、もともと男性が多い職場なので、根本的な風土の見直しが必要でした。そこで、管理職に向けたダイバーシティ経営のレクチャーや、女性社員向けのキャリアプラン研修を行い、意識改革を進めています。

上田：他にも意識改革として、昨年はAOKIホールディングスの取締役とグループ各社の社長に向けて、ダイバーシティや女性活躍に関するワークショップを企画しました。こうした取り組みは今後も継続して実施する予定です。

村田：アニヴェルセルはスタッフの7割以上が女性で、必然的に女性の活躍機会は多く、多様な視点を取り入れています。さらに、障がい者の方やLGBTQの方など、どんな方にも素敵な時間を過ごしてもらえるよう、車いす研修やLGBTQ講習など、スキルや知識の向上に日々努めています。

活躍のフィールドを広げながら、働きやすさ・働きがいを進化させる

村田：AOKIグループが今後も積極的に事業拡大を続けていけば、私たちが活躍できるフィールドは広がっていくはずです。その過程で、人事制度や福利厚生をより充実させることで、働く環境の整備を推進していきたいです。

上田：私たちが働く喜びを感じなければ、「お客様に喜んでいただくためにはどうしたら良いか」と、一歩踏み込んで考えることはできません。また、スタッフが楽しく働ける環境は、単に給料や休日などの表面的な整備だけではなく、「あなたには○○を期待している」といった声かけや、チャレンジを応援する心理的安全性の高い企業風土の醸成が必要だと思っています。

「人々の喜びを創造する」を共通言語に、グループのシナジーを最大化させる

野辺：経営理念やコンセプトが共通言語として浸透していることが、AOKIグループ最大の特徴です。どの事業でも、新卒社員、中途社員ともに入念な研修を受け、経営理念を十分に理解しています。この理念に基づいて、グループ間の交流機会をもっと増やしたいですね。

女性が働きやすい職場環境づくり

AOKI
AOKI
ORIHICA営業部
大迫さん

AOKIが力を入れているのが、女性が活躍する職場環境づくりです。「女性活躍推進プロジェクト」の参加者に話を聞きました。

女性活躍推進が、組織の多様性を引き上げる

　私はORIHICAで主に社員教育に携わっています。育休を経て時短勤務で職場に復帰したのですが、今後の働き方に関するヒントを得たいと考え、女性活躍推進プロジェクトの学習会に参加しました。

　AOKI・ORIHICAの女性活躍推進プロジェクトは、性別や年齢を問わず、働きやすい職場環境をつくることを目的に立ち上げられました。その活動の1つに女性リーダー層の学習会があります。対象となる社員からプロジェクト参加者を募り、約30人のメンバーが集まって議論をします。2024年度は「マイキャリアを考える」「チームで成果を出すためのリーダーシップとは」をテーマに、自己の振り返りを行いました。

　学習会を通して、「女性活躍」は女性だけを特別視するものではなく、多様性の一種なのだと学びました。さまざまな背景を持つ人々が働きやすい環境に整える上で、まずは女性の働き方を変えていくことが、組織の多様性を引き上げる際に重要なのだと気づかされました。

　また、組織のリーダーには自己犠牲が必要と考えていましたが、実際に求められるのは自分や周りの人の強みを生かしながら成果を最大化する力や、ワークライフバランスが整っていることだと知りました。こうした気づきを、今後は周りの人にも伝えて、波及していきたいと思っています。

　復帰後に家庭と仕事の両立について悩む人は少なくありません。そこでAOKI・ORIHICAでは、横のつながりを大切にし、オンラインコミュニティで同じ悩みを持つ人同士でノウハウを共有する工夫もしています。

　AOKI・ORIHICAはライフステージが変化しても活躍する女性が多い会社です。自分自身の人生を輝かせる働き方をこれからも追求していきたいです。

「ワークライフキャリア」学習会の様子

次世代を担う社員たち

AOKIグループは若手社員が力を発揮できる機会を積極的に提供し、
成長を後押ししています。

TOPICS 「中期経営計画」策定に向けた
社長と若手・中堅社員の座談会を実施　　AOKI Holdings

　2024年5月、AOKIホールディングスは中期経営計画を初めて対外公表しました。コンセプトである「RISING 2026」には、年率10％の成長をしようという思いが込められています。策定にあたっては、会社の未来を担う社員の意見を集めるために、グループの若手・中堅層の社員とAOKIホールディングス社長による座談会を開催。参加者たちは熱意を持って社長と意見交換していました。100年続く企業を目指すため、トップダウンだけでなく、ボトムアップの考え方も大切にしています。

座談会に参加した社員たち

社長と社員が意見交換する様子

TOPICS パティシエの「夏の甲子園」！
「デザートコンクール」優勝者コメント　　ANNIVERSAIRE

優勝時の作品

アニヴェルセル 江坂
調理課パティシエ担当　**後藤さん**

　私は普段、パティシエを担当しています。アニヴェルセルでは全店舗のパティシエが競う「デザートコンクール」が毎年開催され、私も素敵な作品をつくれるようになりたいとエントリーしました。できることはすべてしたと胸を張れるだけの準備をして臨み、入社6年目でデザイン部門で2連覇を果たすことができました。コンクールを通して調理に向き合うことで、よりお客様のご要望に寄り添える技術が身につきました。また、他の出場者の考えを知ることで、表現の幅も広がりました。次はデザイン部門3連覇と、皿盛りデザート部門へのチャレンジを目指します。どんどんスキルアップして、お客様の理想を叶えるウェディングケーキをつくることが目標です。

社員エンゲージメントの向上

社員の働きがいの向上を目指し、
AOKIグループではさまざまな取り組みを実施しています。

TOPICS グループ全体の
エンゲージメントサーベイ

AOKI Holdings

エンゲージメントスコア

(%)

- 100
- 55% 2023年度
- 59% 2024年度
- 65%以上 2030年度 目標数値
- 50
- 0

社員が経営理念に共感し、自発的に会社に貢献する意識を調査する「エンゲージメントサーベイ」を実施しています。2024年度のグループ全体のエンゲージメントスコアは59％と2023年度より4ポイント改善しています。調査を通じて、社員の多くが経営理念に共感し、会社や仕事に誇りを持っていることがわかりました。一方で、自分のキャリアに対する不安の声や、今後の会社の方針について知る機会が必要という意見もありました。そこで現在、キャリア開発やコミュニケーション面の課題解決を目指し、例えば上司と部下の1on1面談や、経営方針説明会、経営層とのスモールミーティングなど、さまざまな施策を企画・実施しています。

TOPICS 役員と社員が対話する「1on5制度」

 快活フロンティア

快活フロンティア
広報・ESG推進室
荒木さん

担当者

快活フロンティアでは役員が全国の店舗を回り、現地社員と1対5で対話を行う「1on5」という制度があります。この取り組みを通して気づいたのは、社員の皆さんが素晴らしいアイデアや提案を持っていることです。会社がこれらを吸い上げ、実現することで、働きやすい環境が整い、エンゲージメントの向上にもつながると実感しています。また、当社では役職ごとの階層別に相互理解を深める、「階層別ディスカッション」という取り組みも行っています。部署を超えて問題意識を共有することで、組織全体の課題解決意識を高めることができます。これらの取り組みを重ねることで、社員による主体的な行動が増え、より働きやすい環境へと変化してきています。

一人ひとりに合わせた活躍の場

AOKIグループでは、外国人財や障がい者など、
多様な人財が数多く活躍しています。

TOPICS　事業活動を支える外国人財の声

AOKI Holdings

| 経営戦略室 **王**さん | 経営戦略室 **劉**さん | 経営戦略室 **曾**さん |

（王さん） 海外向けコンテンツや販促キャンペーンを担当しています。海外の方にビジネスウェアをファッションの1つとして楽しんでもらいたいという思いから、現在の仕事に就きました。

（劉さん） AOKIの越境EC運営を担当しています。AOKIグループでは社員が互いにリスペクトを持って、上下関係なく接することができます。疑問や伝えたいことがあるとき、素直にぶつけることができる環境が魅力です。

（曾さん） AOKI店舗の免税売上高計画、インバウンド集客の企画などを担当しています。今後は、AOKIの商品やサービスを世界中に広めながら、事業の海外展開を目指します。

TOPICS　AOKIグループの障がい者雇用

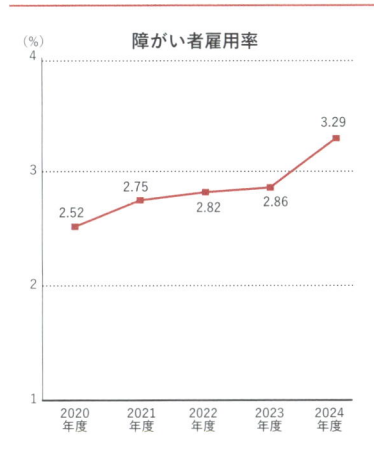

障がい者雇用率（%）

年度	雇用率
2020年度	2.52
2021年度	2.75
2022年度	2.82
2023年度	2.86
2024年度	3.29

　AOKIグループでは、障がいを持つ人々がいきいきと働ける職場環境をつくり、個人が自立できるようにサポートすることで、社会貢献を目指しています。

　ファッションのAOKIでは、地域の支援機関や特別支援学校と連携して、見学や実習を通じて、仕事と個人の特性を見ながら、採用しています。

　現在、3つのサテライトオフィスでは約60人が働いており、商品タグの整理や試着用ワイシャツのクリーニングなどの業務を担っています。試着用のワイシャッツクリーニングは7人の担当者が洗濯からアイロンがけまで行っており、年間5万枚以上を仕上げています。チームで支え合いながら多くのメンバーが活躍しています。

株式会社GOOD PLACE

クライアントの課題に伴走し、事業の成長と
イノベーションを引き出す"GOOD PLACE"を創造しています

株式会社GOOD PLACEってこんな会社!

　株式会社GOOD PLACE（旧コスモスモア）は「Make a GOOD PLACE」をブランドコンセプトに、オフィス構築事業やアウトソーシング事業、建物のリノベーションをはじめとする建築事業を展開。働く場や集う場などさまざまな領域において、より良い場づくりを目指しています。また、社員一人ひとりの「GOOD PLACE」を実現するため、フレックスタイム制度やリモートワーク制度など、柔軟な働き方をサポートする制度を導入。休暇取得を促進するための手当支給制度や、看護・介護・不妊治療のための有給休暇制度など福利厚生も充実しています。さらに、全社員向けに育児や介護などに関するeラーニング研修を実施。育児や介護などへの理解を深め、休業を取得しやすい職場づくりを推進しています。

Top Message

持続可能な働き方で挑戦を続け、社員の価値向上を目指す

代表取締役社長
枝廣 寿雄さん

社員が安心して挑戦・成長できる環境を構築することが、事業を成長させる

　当社では、社員一人ひとりの市場価値を上げることが、結果的に会社の成長につながると考えています。DE&Iの推進による働きやすい環境づくりは、そのための手段です。正直に言って、建設業界の労働環境はハードだと思います。オフィス構築関連の工事はゴールデンウィークや企業の夏季休業中などの長期休暇中に行われることが多く、3交代勤務で対応するプロジェクトも珍しくありません。そういった環境でも仕事だけではなく、家庭や生活、趣味など、社員一人ひとりが人生の中で大切にしているものにきちんと向き合える環境と制度を整えていけば、定着率が高まり、生産性も上がります。生産性が上がれば会社の収益が上がり、社員の報酬も上がる。そんな好循環を創出していきたいと考えています。

場づくりは世の中にとって不可欠な事業です。業界へのマイナスイメージを払拭し、興味を持つ方を増やしていくことは、建設に関わる会社としての使命の1つだと認識しています。そのために、持続可能な働き方ができること、そして成長できることが重要になります。福利厚生や各種支援制度でのサポートに留まらず、早い段階で現場のプロジェクトリーダーといった重要なポストを任せるなど、社員の市場価値を高めるための機会を数多く提供しています。メンター制度による先輩のサポートを受けながら、プロジェクト推進力や全体把握能力などに加え、外部の協力会社やクライアントを相手に、対等に渡り合える力が身に付きます。仕事を通じて成長したいという向上心を持つ社員が、心置きなく頑張れるための制度や機会をさらに充実させていきたいと考えています。

キャリア設計 すごろく

手掛けてみたい仕事やライフプランを踏まえた働き方ができることも
GOOD PLACEの魅力。キャリアモデルの一例をすごろく形式で見てみよう！

START

入社前年
内定

入社前年10月
内定式

入社前年11月
内定者研修①
1泊2日の個人ワーク＆同期とのグループワークを通して、自分と同期の強みを見つけよう！

担当した
オフィスが竣工！
建築雑誌に載り、
話題になる。

Photo by Keiko Chiba
(Nacasa & Partners)

2年目
大規模プロジェクトの
サブ担当として
プロジェクトマネジメントを
担当する

4年目
大規模プロジェクト
（規模感1-3億）の
メイン担当になる！

育休を取得
「子育て休業応援手当」制度
を活用！しっかりと引継ぎ
を行ってから、
子育てに専念する。

復職
リノベーションオフィスの
プロジェクトのサブ担当と
して業務再開。

無事
オフィス移転が
完了！
クオリティの高さに
クライアントも感動！

Photo by Keiko Chiba
(Nacasa & Partners)

建築アワード
を
受賞！
担当したプロジェクトが
世界的に評価される。

入社前年12月
内定者研修②
先輩が手掛けた
施設に泊まりながら、
仕事への理解を深めよう！

入社年1月
配属先希望面談
やってみたいことや
疑問点を擦り合わせして、
入社前の準備は万端！

4月
入社

メンター
メンティー制度
OJTの先輩とは別の先輩が、
困っていることや
考えていることなど
気軽に相談に乗ってくれる
ので心強い！

4月
入社時研修
事業やミッションに
加えて、社会人とし
ての基本マナーなど
を学びます。

休憩！
部活動で楽しむ

10月
初めての
評価面談
自分で立てた
目標に対しての達成度を、
先輩や上長と一緒に確認！

OJT
クライアントの
課題解決に向けて、
実際の業務に取り組もう。
先輩のサポートが
あるから安心！

チームリーダー
になる
後輩がやってきた！
入社当時を思い出しながら、
フォローする。

新規事業を提案
➡P.115に進む

to be continued

「どうやって仕事を教わっている?」

PICKUP! 1

ソリューションPM部
部長
杉山さん

ソリューションPM部
ソリューションPM3課
陰山さん

ただ答えを与えるのではなく、一緒に考え、解決方法を導き出す

―― GOOD PLACEでは、上司と部下でどのようなコミュニケーションをしているのでしょうか。

そのリアルなお話を陰山さんとその上司である杉山さんに聞きました。

陰山:仕事で分からないことを聞いたら答えてもらえますが、答えそのものを教えてもらうことは少ないです。一緒に考えてやってみる形でサポートしていただけるので、ただ答えを与えられるよりも経験値が上がると感じています。実践の中で成長できるのは、ありがたいですね。

杉山:正解はケースバイケースなので、答えを教えるだけでは再現性のある経験はできないんです。だから「なぜこうなったのか」というところから、一緒に考えて解決方法を模索します。自分の力で成し遂げたと感じられる成功体験が大切なので、出しゃばりすぎないサポート体制を意識しています。

陰山:杉山さんはすごくオープンで、さりげなく気にかけてくれているんです。だから相談しやすいですね。そういった環境があるからこそ、安心して挑戦できます。

杉山:当社には「とりあえずやってみる」を良しとする、挑戦しやすい風土があります。若手に「これをやってみたいです」と言われたら、できる限り受け入れて、どうやったら実現させてあげられるかを考えます。

陰山:経験を問わず、若手でも良い意見は採用してもらえるフラットな環境なので、プロジェクトを自分ごととして捉えやすいと感じています。

杉山:やりたいと思う気持ちや、自主的な成長意欲を育てることは、本人だけでなくチームにも良い影響を与えてくれます。一人ひとりが納得感を持って成長できるように、上司として配慮していきたいですね。

数字でわかる！GOOD PLACE

文系と理系の割合

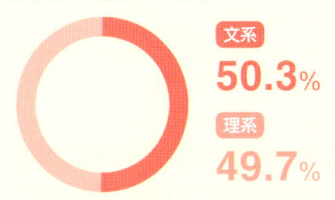

文系 **50.3**%

理系 **49.7**%

多様な意見や考えをクライアントへの提案に盛り込むために、建築系に限らずさまざまな学科から採用しています。

男女比

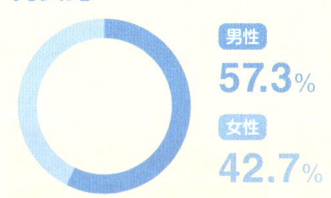

男性 **57.3**%

女性 **42.7**%

現在は男性が若干多い状況ですが、性別を問わず一人ひとりの強みや考え方などを重視した採用をしています。

中途新卒比

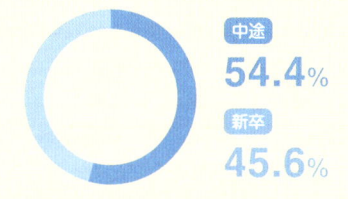

中途 **54.4**%

新卒 **45.6**%

多様な中途社員を迎えながら、新卒の採用も意欲的に行っています。

職種別比

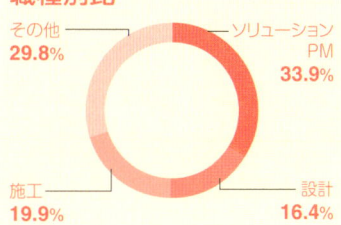

その他 **29.8**%

ソリューションPM **33.9**%

施工 **19.9**%

設計 **16.4**%

PMをはじめ、設計、施工といった専門性を追求できる職種があります。

出社率

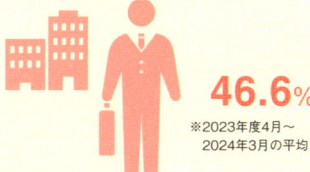

46.6%

※2023年度4月〜2024年3月の平均

オフィスは「集まる」をテーマに設計されていますが、出社ルールは各チームの判断に委ねています。

育休取得率

男性 **100**%見込み
（2024年度取得対象者：4名）

女性 **100**%見込み
（2024年度取得対象者：9名）

「Life Style Support 休暇」で出産前からサポートしており、復職率も100%です。男性育休も「取得して当たり前」の風土が醸成されつつあります。

ものづくりの最前線！施工管理者の仕事とは？

現場だからこそのやりがいと、現場ならではの成長

施工管理者は実際に現場に出向き、協力会社の職長や作業員と検討を重ねたり、各

コンストラクションマネジメント部
施工管理2課
白川さん

作業の工事調整を行って現場の安全を支えたりと、ものづくりに最も近い場所で仕事をします。

そのため建築の技術や知識を現場で学ぶ機会が多く、ものづくりのプロフェッショナルとして成長できると感じています。会議やデスクワークなどの業務もありますが、忙しい中でも、現場の作業員や協力会社の職長とのコミュニケーションは欠かせません。

気軽に相談し合える関係性を築き、事前にシミュレーションや検討を行っておくことで、アクシデントを回避したり、緊急的な事態にも対応できたりするように意識しています。施工管理の仕事をしていて一番嬉しいのは、自分たちが手掛けたものに対して、クライアントや利用者に満足いただき、感謝の言葉をいただけた瞬間です。建築工事という「ものづくりの最前線」で、日々やりがいと誇りを感じています。

現場に着いたら、まず現場に異常が発生していないかを確認するために、巡回と点検を行います。朝礼では各協力会社の作業内容や安全注意事項などの確認や調整を実施。昼ごろまでは搬入作業の立会いや、現地での工事調整をメインに行い、昼食の時間は現場メンバーでおいしいお店を新規開拓するのが楽しみです。午後からは現地での工事調整と並行して、デスクワークや会議なども行います。デスクワークの内容は、図面や工程表などの資料作成、協力会社から提出された安全書類の確認などです。現場作業の終了時は巡回して進捗具合を確認し、協力会社の職長と今後の作業予定を調整します。その後もデスクワークや会議などを行い、退勤するのは18時半です。

とある1日のスケジュール

8:00	現場事務所へ出勤
16:00	現場巡回・現場調査、デスクワークや会議など
17:00	作業仕舞い、協力会社との予定調整
18:00	現地調査、デスクワークや会議など
18:30	退勤

「育児と仕事ってどう両立しているの?」

リアル対談② 育休編

PICKUP! 3

ソリューションPM部
ソリューションPM1課
金谷さん

ソリューションPM部
ソリューションPM1課
課長
宮本さん

働き方を自由に、助け合いを当たり前に。属人化を防ぐ組織体制

——GOOD PLACEで働く社員は育児と仕事をどうやって両立しているのか。産休・育休を経験された金谷さんとその上司の宮本さんにリアルなお話を聞きました。

金谷：現場での立会いをする機会が多いのですが、妊娠中はチームのメンバーが積極的に代わってくれて、とても助かりました。育休復帰後もさりげなくサポートしてもらえて、ありがたかったです。

宮本：仕事でのサポートはもちろん、産休・育休に対して社内でネガティブな声を聞くことは一切ないですね。男女問わず育休取得率100%の風土が後押ししていると思います。

金谷：夫も同じ会社で働いていて、7ヵ月間の育休を取得しました。男女問わず育児中の社員が多いので、自然に助け合っています。

宮本：育児中の社員に対して意識しているのは、首都圏を中心としたプロジェクトなど、両立しやすい案件にアサインすることです。また育休から復帰する際には、本人に希望する働き方などについてヒアリングを行っています。

金谷：今はフレックス制度とリモートワーク制度を利用して、フルタイム勤務しています。子どもの事情で突発的に休むこともあるので、自分が「ボールを持つ時間を短く」しようと意識しています。今では育休前よりも生産性が上がりました。

宮本：産休・育休に限らず、体調不良などで長期休暇を取得する状況は誰にでも起こり得るので、引き継ぎ期間を取らなくても他のメンバーでカバーできるように、属人化しない体制づくりにも取り組んでいます。

持続的に働ける育児支援制度

仕事と育児を両立するには、まわりのサポートが不可欠です。産休・育休を支援する制度だけでなく、育休取得者の業務を引き継いだ社員に最大10万円の手当を支給する「子育て休業応援制度」を設け、双方の心理的負担を軽減しています。また、eラーニング研修やベビーシッター利用補助、勤務時間変更制度など、職場復帰を支援する制度も充実。育休から復帰する社員が不安なく働ける環境づくりの結果、育児休業からの復職率は100%を達成しています。

学生時代の専攻にとらわれない、自由なキャリアパス

PICKUP! 4

営業➡施工管理

東京と大阪で3年間の経験を積んだ後、希望していたオフィス領域の部署へ異動。その後、建築への理解をより深めるため施工管理の現場で経験を重ねています。

業務内容としては100〜500坪ほどのプロジェクトでの工事担当や、新規プロジェクト獲得のための営業サポートや、チームリーダーとして後輩のフォローなどを幅広く行っています。文系の自分でも、重要なプロジェクトで大事な役割を担い、社長賞を二度いただけたことは、自信につながっています。仕事で一番やりがいを感じるのは、自分の立ち回り一つでより良いものをつくり上げられることです。プロジェクトの

コンストラクションマネジメント部
施工管理1課
森さん
（学生時代：文系）

上流から携われることは、企画・設計・施工を一気通貫で手掛けるGOOD PLACEの醍醐味だと思っています。今後は専門性とマネジメント力をさらに高めてキャリアを築き、より良いもの、より良い組織をつくっていける存在になりたいです。

施工管理➡設計へ

ストラテジックデザイン部
ストラテジックデザイン1課
林さん
（学生時代：デザイン系）

法規関係のこと。建築基準法など、設計になってから初めて学ぶ分野で、分からないことがたくさんありました。図面は、施工管理職時代から読み方や描き方、レイアウトの考え方を読み取れるように頑張っていたので、それが今に活かされています。やりがいを感じるのは、クライアントからの抽象的な課題を具体的な形にしていくとき。今はメイン設計として100〜300坪の案件を複数担当し、お客様の要望に合わせた内装デザインやレイアウトの提案をメインに、家具のデザインをすることもあります。今後も自分ならではの視点を持って設計・デザインに携わっていきたいです。

学生時代からアートやデザインの勉強を続けているので、施工管理職として働いていたときから「私だったら、どう設計するか」を意識していました。自分の考え方と設計者の意図を比較することで、将来的に設計を担当する際のヒントになると思ったんです。設計職に異動して大変だったことは

GOOD PLACEの新規事業「mobica」とは?

PICKUP! 5

自然に溶け込む移動型オフィス

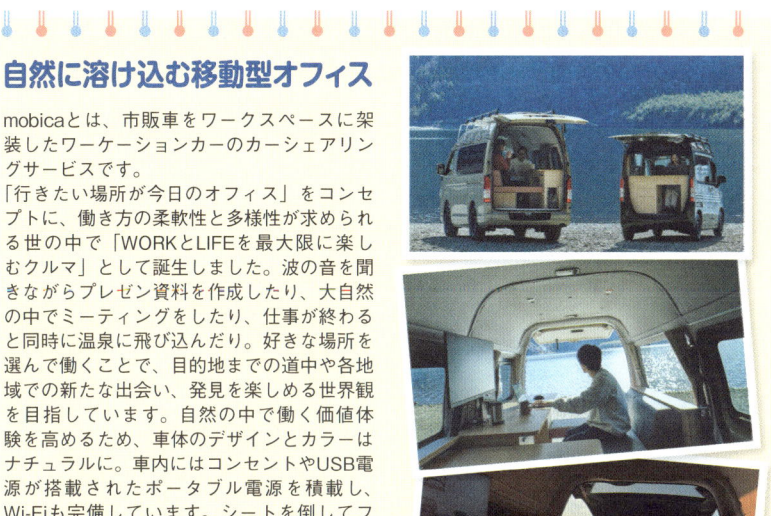

mobicaとは、市販車をワークスペースに架装したワーケーションカーのカーシェアリングサービスです。

「行きたい場所が今日のオフィス」をコンセプトに、働き方の柔軟性と多様性が求められる世の中で「WORKとLIFEを最大限に楽しむクルマ」として誕生しました。波の音を聞きながらプレゼン資料を作成したり、大自然の中でミーティングをしたり、仕事が終わると同時に温泉に飛び込んだり。好きな場所を選んで働くことで、目的地までの道中や各地域での新たな出会い、発見を楽しめる世界観を目指しています。自然の中で働く価値体験を高めるため、車体のデザインとカラーはナチュラルに。車内にはコンセントやUSB電源が搭載されたポータブル電源を積載し、Wi-Fiも完備しています。シートを倒してフラットにすれば、身体を横にできるベッドスペースが出現。働くことをより自由で豊かにする、GOOD PLACEの新たな提案です。

mobica起案者にヒアリング!「働き方はもっと多様に進化する」

mobicaは「自由にいろいろなところへ移動しながら、車の中で働けたらいいな」という発想からスタートしました。オフィス以外でのさまざまな働き方が進む一方で、もっと自由に働けるスタイルがあるのではないかと考えていました。新規事業は、まさに手探り状態。特に、ワーク仕様の車両の納期は最大の課題で、コロナ禍や半導体不足などの要因が重なり、さまざまな交渉が必要でした。ようやく納車された時には感慨深かったです。私たちの事業の目的は、リモートワークが可能な方々に、日々の忙しい業務の中で新しい働き方の体験を提供すること。mobicaによって普段の仕事環境から一歩離れ、自分の働き方を客観的に見つめ直すきっかけにしてもらえたら嬉しいです。

ストラテジックデザイン部
ストラテジックデザイン1課　課長
兼　mobica推進室 発案/設計者
堤さん

ソリューションPM部
ソリューションPM1課
元木さん
自宅

> すべてを自分好みに調整できるので、仕事に集中できます。気分に合わせて照明の色を変えるのもお気に入り！

コーポレート戦略部
ブランドマネジメント課 課長
吉町さん
mobica

> 好きな場所に行って、自然の風を感じながら仕事できるのが最高！機能性と自由度が高いので快適です。

OUR GOOD PLACE
私たちの
グッドプレイス
社員にお気に入りの
ワークプレイスを
聞きました！

取締役
宮さん
新幹線＆空港ラウンジ

> 仕事に没頭できます。空港ラウンジはドリンクや軽食があるのが嬉しいポイント。

◀ **社外**

働きやすい場所、集中できる環境は人それぞれ。GOOD PLACEでは、生き生きと心地良く働いてもらうために、働く場所を自由に選択できます。自分好みにカスタムした自宅、自然を感じられるワーケーションカーなど、社員のみんなが見つけた好きな場所「一人ひとりのGOOD PLACE」を紹介します。

また本社オフィスリニューアルに携わったメンバーには工夫したポイントやこだわった部分などを語ってもらいました。

ストラテジックデザイン部
ストラテジックデザイン2課
石塚さん
自宅

> 作業台と椅子を自作しました。作業台は天井下地材で、椅子は廃材を用いています。どちらも使いやすくて気に入っています。

ストラテジックデザイン部
ストラテジックデザイン1課
柿島さん
ライブラリーエリア

この棚は【ハレの場】というオフィスコンセプトを体現する場所。ハレ（＝祝いの場）から連想される水引をモチーフとしています。

管理部 総務課
深澤さん
受付

エントランス空間には、配置されている一つひとつにメンバーのこだわりが詰まっています。定期的に変わるお花も楽しみ。

ソリューションPM部
ソリューションPM2課
椛島さん
ハイカウンター

会議に行く人や来客などが行き交う、オフィスの交差点のような場所です。人間観察や偶発的な会話が楽しめます。

社内 ▶

コンストラクションマネジメント部
施工管理1課
折田さん
ワークエリア

出社すると気軽に質問ができるので、新人にはありがたいです。デスクが広めで、のびのび仕事できるのも嬉しい。

大阪支店 施工管理課
藤岡さん
ブレストエリア

行き詰まったときや気分転換したいときに訪れます。施工時は、設計者の意図を汲み、天井や柱など、念入りに調整しました。

株式会社エコリング

社員全員が、自発的に動き出す組織

「B Corp」の先にある、社会問題解決型企業を目指して

エコリングってこんな会社!

　エコリングは、リユース・サービス事業を通じて、貧困、環境、ごみなどの深刻な社会問題解決に取り組むグローバル企業です。2001年に創業し、「価値を見いだす使命共同体」という理念のもと、店頭で買い取った商品をインターネットや業者間取引・海外店舗で販売するビジネスを確立しました。社名「エコリング」は、誰もが持続可能な社会の実現に関わることができるエコロジーの輪を意味しています。2021年には、社会的・環境的な取り組みが評価され、B Corp認証を取得しました。当社では、工夫と創造を活かし、目標を達成する喜びを大切にしています。お客様と真摯に向き合い、責任感を持って取り組む姿勢を重視し、プロ意識を持った社員が活躍しています。

Top Message

共同体として助け合い、
夢を実現する組織を
社員とともに創りたい。

株式会社Eco Ring Japan Holdings
代表取締役
桑田 一成さん

モノに新たな価値を吹き込み、必要な人へその価値を届ける。エコリングは、永続的な成長を社員全員で目指していくという想いのもと、人とモノをつなぐリユース事業を展開しています。同社が掲げる理念と、組織としての在り方について、代表取締役の桑田一成さんに伺いました。

リユース事業でサステナブルな
社会に貢献する

　エコリングは、日本初のブランド買取専門店として姫路で創業しました。現在では国内に85店舗を構え、国外にも拠点を展開するグローバル企業へと成長しています。インターネットオークションや業者間取引、海外店舗での販売など、多岐にわたる新たなリユース事業を確立し、「アジアNo.1企業」を目指しています。

　当社が掲げる理念「価値を見いだす使命共同体」には、時代に応じてリユース商品を柔軟に変化させ、その価値を再発見し続けることで永続的な成長を目指したいという強い想いが込められています。また、社員同士が助け合いながら、共に夢を実現する共同体としての組織を築き上げたいという願いも反映されています。

　社会問題解決型組織として、ビジネスの力を活用し、現代社会が直面する課題の解決に取り組んできました。2021年には、これまでの活動が評価され、B Corp認証を取得しています。

お互いを尊重し主体的に考える
人財を育てる

　私たちは、思いやりと尊重をもって人と接する人物を育成することが、社会や企業の発展につながると確信しています。その

ため、DE&I推進の一環として、多様な働き方を尊重するための制度や研修を整備し、女性活躍推進に力を入れています。B Corp認証を受けたことも、社員一人ひとりに、社会問題の解決に貢献できるという実感と誇りを与え、イキイキと働く原動力となっています。DE&Iや社会課題解決への取り組みを通して、公平性を大切にし、相手の立場に立って物事を進め、関わるすべての人々に優しい企業でありたいと思っています。

　当社は社員一人ひとりが「自分で決める」ことを重視しています。指示を待つのではなく、自分の可能性を信じて主体的に行動できる人財を育成するためです。日常的に小さな意思決定から始め、自己判断する能力を養うトレーニングを行っています。素早く行動し、失敗から学び、迅速に改善する──この高速なPDCAサイクルを実践することで、とにかく行動に移す癖がつき、社員一人ひとりが成長できると考えています。

「社会問題解決型」組織として進化し続ける

　私たちは、社会問題解決型の組織としてさらに進化し続けることを目指し、あらゆることに挑戦しています。例えば、環境や社会に与えるインパクトを見える化し、ユーザーが環境への貢献を実感しながらリユースできるアプリ「エコパラメーター」を開発しました。これからもリユース事業を通じて新たなマーケットを切り開き、仲間とともに価値ある挑戦を続けていきます。社会課題の解決に取り組みながらマーケットを広げ、ビジネスとしての成長も実現していくことは決して簡単ではありません。しかし、その挑戦の先には、仲間と共に成功を分かち合い、一生語り継がれるような誇りと経験が待っています。私たちと一緒に、やりがいのある仕事と挑戦を楽しみながら続けていきましょう。

エコパラメーターとは?

リユースすることで排出抑制されるCO₂量を可視化できるアプリです。ユーザーは環境への貢献を実感でき、リユースの意義をより理解することができます。リユース活動を促進し、循環型社会の実現を目指す重要な取り組みとなっています。本アプリは、「第32回 地球環境大賞」において「日本商工会議所会頭賞」を受賞しました。

担当社員に
聞きました

世界的なトレンド
「B Corp」ってなに?

米国の非営利団体B Labによる国際認証制度。
「B」は「Benefit for all」を意味し、社会や環境、従業員、顧客
といったすべてのステークホルダーに対する利益を表している。

答えてくれたのは、この人!

管理部門担当 執行役員
平井さん

エコリングのサステナビリティ方針

- 従業員(Workers)
- コミュニティ(Community)
- 環境(Environment)
- ガバナンス(Governance)
- 顧客(Customer)

エコリングは、B Corpを
軸に、左の5つの要素を大
切にしながら、あらゆる
ステークホルダーに配慮
した企業活動を目指して
います。

世界的な"いい会社"の
国際認証制度を日本で7番目に取得!

　B Corp認証は、米国ペンシルベニア州
に拠点を置く非営利団体「B Lab」が運営
する国際認証制度です。事業活動を通じて
社会問題の解決を目指す動きが世界的に活
発になったことで、近年注目を浴びている
制度です。この認証は、環境や社会に配慮
した事業を行いながら、透明性やアカウン
タビリティなど厳格な基準を満たした企業
に授与されます。2024年7月時点で、世
界92カ国で8919社、日本では41社が認
証を取得しており、エコリングは日本で7
番目に認証を受けました。

　B Corp認証を取得するには、ガバナンス、
従業員、環境、お客様、コミュニティの5
つへの影響を最大限に考慮した意思決定が
求められます。エコリングがB Corpを軸

とした社会問題解決型組織への転換に取り
組み始めたのは2018年のことです。グル
ープ全体のデータ収集やビジネスモデルの
革新性の訴求など、多くの課題を克服し、
2021年6月に厳しい審査を通じて認証を
取得しました。

　認証取得に向けて、部門横断型のチーム
を複数発足し、経済的価値と社会的価値の
両方を追求できる数多くの施策に挑戦しま
した。女性活躍推進チームや安全衛生委員
会、キャリアアップ委員会の活動強化など、
組織変革にも取り組んでいます。

　また、児童養護施設を卒業する人たちへ
の家財道具の寄付、タイの貧困地域でのボ
ランティア活動など、ボトムアップでの
さまざまな取り組みを実施しました。社員
にはボランティア有給休暇が毎年付与され
ていて、社会問題解決への意識が会社全体
で醸成されています。

担当社員に
聞きました

社会問題解決型組織を目指して。
Bcorp認証を通じて、
見えてきたこと。

エコリングはB Corp認証を取得するまでどんなストーリーを歩んで
きたのでしょうか。B Corp認証組織になってから見えた景色とは。
サステナビリティ推進部の村上さんと香川さんにお話を伺いました。

答えてくれたのは、この2人

サステナビリティ推進部
課長
香川さん

サステナビリティ推進部
部長
村上さん

会社の転換期に
「社会問題解決型組織」を目指す

　B Corp認証の取得に向けて取り組み始
めたのは2018年で、会社としての転換期
にあり、新しい要素を取り入れたいと考え
ていた時期でした。シリコンバレー研修を
通じて、B Corp認証に取り組む企業や個
人に出会い、また、日本にも数年遅れでサ
ステナビリティ推進の流れが必ず来るだろ
うと予測したことから、B Corp認証取得
を決意しました。2018年の全社方針発表
会で、初めて「社会問題解決型組織」を目
指すと発表しました。当初は、リユース事
業を軸にする当社にとって、そこまで大き

なハードルではないだろうと見込んでいま
したが、実際には想像以上に厳しい道のり
となりました。

ボトムアップで社員一人ひとりが
認証に向けて活動

　エコリングのB Corp認証取得プロジェ
クトは、当初コンプライアンス部が主導し
ていました。しかし、これは1つの部署だ
けで進められるものではなく、全社員の関
与が不可欠だと気づきました。そのため、
部門横断型チームや各部署で小規模なチー
ムを多数編成し、ボトムアップ型で施策を
推進しました。社内での意識を高めるため
に、社員一人ひとりが主体的に活動できる

よう工夫しました。例えば、SNSを活用した「エコリングアクション」の参加など、細かいプロジェクトも含めると、これまでに150以上の活動に取り組んでいます。

社員の意識醸成や知識のアップデートを重視したことが、B Corp認証取得の基盤となったと考えています。B Corp認証取得において困難だったのは、言語の壁でした。B Corp認証はアメリカ発のものであり、当初は日本語の資料が一切整っていませんでした。国が異なるため、法律も異なり、設問の翻訳や解釈に悩むことも多くありました。幅広い商品を取り扱う中で、それらがどのように環境にポジティブなインパクトをもたらすのかを理解してもらうことにも苦労しました。

一方で、B Corp認証取得までの過程で気づいたことや組織として得た価値も多くあります。特に、ボトムアップで意見を吸い上げる文化がより活性化したことが、大きな収穫でした。B Corp認証を取得したからといって、瞬時に会社が良くなるわけではありません。しかし、そのプロセスにおける数々のチャレンジを通じて、改善すべき部分が明確になり、社内風土が少しずつ醸成されていったと感じています。

進化するB Corp認証に
再びチャレンジ

B Corp認証は現在も進化を続けています。2026年からは新しい基準が適用され、従来の5分野から10分野に拡大し、各分野で必須項目をクリアしないと認証が取得できない仕組みになります。この変更に対応することが当社の挑戦の本当の始まりだと考えています。B Corp認証の更新を目指して、足りない部分を洗い出し、改善を進めていきたいと思っています。

また社会問題解決型組織として成長していくためには、インナーブランディングをより強化することが不可欠です。来期は、社員一人ひとりの社会課題解決に対する行動を人事評価に組み込み、明確な評価基準として盛り込むチャレンジを行います。B Corp活動との連携を通じて、組織の成長につなげていきたいと考えています。

B Corp認証取得から社会問題解決型企業を目指すストーリーは、『エコリング発展物語 ～B Corpを通じて社会問題解決型企業になる～』というコミカライズされた書籍として発売されている。本対談で語られている、3年かけて全社員が一丸となってより良い組織づくりや社会貢献活動に励んだ挑戦が詳細に綴られている。

独自の働き方「ガチ勢とエンジョイ勢」について教えてください

答えてくれたのは、この2人

人事部部長
下野さん

自分でキャリアを選択することが幸せにつながる

「会社に一方的に押し付けられるのではなく、自分でキャリアを選択し、幸せになってほしい」。そんな想いから、エコリングでは「ガチ勢」と「エンジョイ勢」という2つのキャリアコースを設定しています。この制度は、社長が掲げる「目的を持って自分を鍛えよう」という方針に基づいています。社員一人ひとりに、選択したコースや役職に応じて、適切な育成投資や個別教育を提供しサポートしています。社員のキャリアに関する意向は、毎年アンケートを実施して確認します。例えば、「昇格したいと思いますか」という質問に対し、昇格意欲を10段階で自己評価してもらいます。これにより、社員それぞれの事情や昇格やキャリアアップに対する温度感を把握できます。管理職から現場へ戻ることへの希望や、パートタイマーへの雇用転換の意向も確認し、多様な選択肢を用意しています。

本気でキャリアアップを目指す「ガチ勢」

「ガチ勢」のキャリアプランには、海外法人の立ち上げを目指す人向けの「海外社長コース」、エコリングの中核で活躍したい人向けの「エコリング昇格コース」、のれん分けや新規事業で会社設立を目指す「国内社長コース」など、4つのコースを用意しています。
　ガチ勢は、「創造リーダーシップ研修」

や「プロフェッショナル制度」などを通して、キャリアアップを実現します。創造リーダーシップ研修は、当社の顧問である大学教授や外部のコンサルティング会社の協力を得て、デザイン思考について基礎から

ガチ勢の声　川崎様

自身のキャリアに対する意思を明確に表現できる

株式会社エコリングCS
川崎さん

私は組織の成長を加速させるというビジョンを持ち、国内社長コースでの独立を申請しました。「創造リーダーシップ研修」でより良いサービスを生み出すデザインシンキングを学び、現在の会社運営につながっています。

社内のDE&I推進にも力を注ぐエコリング。人事部の下野さんと
人財開発部の熊谷さんに、その働き方などについてお話を伺いました。

人財開発部
部長
熊谷さん

学び、業務改善や新しいプロジェクトに取り組みます。プロフェッショナル制度では、社員が自分のアイデアで新たな事業を立ち上げることができます。実際に、この制度で緑和堂という新会社が設立されています。

ライフステージに合わせた働き方を選択する「エンジョイ勢」

「エンジョイ勢」には、ライフステージに合わせた働き方とキャリア選択をしたいという社員が多くいます。育児と仕事を両立するために、育児支援を積極的に使う社員も少なくありません。育休に関する相談窓口を設置し、法律に則った説明を行うことで、男性の育休取得率が増加しました。現在では、1ヵ月間の育休を取得する男性社員も増えています。

育休は単なる制度ではなく、個々の人生設計において重要な選択肢であり、仕事と家庭のバランスを取るには、それぞれの価値観やライフスタイルを考慮すべきです。当社としては、社員の意志を尊重し、その上でどのような人生設計をしていくかを一緒に考え、サポートしたいと思っています。

社員が頑張りたいことを追求できる会社でありたい

社員には、自分が輝ける場所を自ら見つけ、能力を開花させ、どれだけの影響を与えられるかを実感しながら働いてほしいと思っています。そして、個人がどうありたいかを考えたとき、エコリングが自分に合っているかどうかを見極めることも大切です。頑張りたいこともそれぞれ異なっていていいのです。私たちは、働くメンバー一人ひとりが、本当に頑張れることを見つけ、追求できる会社にしていきたいと考えています。

Enjoy勢の声　藤岡様

**育児休暇で
家族との時間を
大切に働く**

買取部　中四国エリア
広島中央店
藤岡さん

3人目の子どもの育児を機に育休を取得しました。妻も私の積極的な育児参加を喜び、同僚たちもサポートしてくれます。ライフステージに合わせて働き方も変えられるので、育児が落ち着いたらガチ勢を選ぶ予定です。

鑑定士ってどんな仕事?

お客様にお持ちいただく大切な商品の価値を適切に判断する。
鑑定士として働く3名の社員にその魅力を聞きました。

答えてくれたのは、この3人

中部エリア
中川さん

関東第二エリア 店長
鎌倉さん

関西エリア
西幡さん

Q. 鑑定士の面白さ、魅力は?

鑑定士として働く魅力は、ブランド品や宝飾品、古美術品など、普段の生活ではなかなか見る機会のない高価なお品や珍しいお品に出会えることです。

鑑定士でなければ触れる機会のない高価なお品や、珍しいお品を見せていただけることもあり、毎日刺激があると感じています。

不要になったお品に価値を見出し、次の方へつなぐ存在になれることです。日用雑貨などを買い取り、世界中に届けるというスケールの大きさも魅力の1つです。

Q. 苦労した点や厳しさはありますか?

元々ブランド品についての知識が全くなかったため、一から学び、覚えるのは大変でした。しかし、勉強を進める中でさまざまなモノへの興味が湧き、今となっては勉強することに楽しさを感じています。

最も苦労したのは、鑑定士になるために受けた初級鑑定士試験です。バッグの名前や商品知識を覚えるのに苦戦しました。周囲の上司や先輩方のサポートのおかげで乗り越えることができました。

ブランドや商品の名前を覚えることに苦労しました。また、新しい商品が次々と生まれ、社会情勢により相場も変動するため、商品だけにかかわらず、常に自発的に知識を獲得する必要があります。

Q. これからどのようなことに挑戦したいですか?

まずは全国で注目される鑑定士になることを目指しています。いずれかは自分で会社を経営したいと思っているので、そのために足りないことを学んでいきたいと思っています。

エコリングの店舗数を関東でもさらに増やし、より多くのお客様にご利用いただきたいと考えています。お客様にリユースの素晴らしさを伝え、広めていくことが目標です。

一般的には、買取店に対するハードルはまだ高いと感じています。今後はより多くの方に気軽にご利用いただけるような取り組みを考え、実現に向けて挑戦していきたいと考えています。

子育て中の
社員に
聞きました

子育てしながらでも
キャリアアップできるんですか?

多様な働き方を選択できるエコリングの人事制度。
子育てをしながら時短で働き、キャリアアップを叶えた社員に
エコリングで働く魅力を聞きました。

答えてくれたのは、
この人!

EC管理部
課長
吉田さま

子育てとキャリアを両立する
ロールモデルになりたい

　私は産休・育休を経て復帰した際、時短勤務で働きながら、キャリアアップを目指しました。一般的に子育てをしながら出世するのは難しいと思っている人はまだまだ多いです。だから、自分がその実績をつくろうと思いました。

　しかし、子育てをしながら働くことには葛藤もあります。子どもが熱を出したら、

仕事を切り上げてお迎えに行かなければいけないし、周囲と違う働き方をすることを辛く感じるときもありました。そのとき私の支えになったのは、同僚の協力や周りからの「無理しないで」という言葉です。こうした支えもあり時短勤務をしながら、昇進することができました。

　新本社になると通勤時間が短くなるため、現在はフルタイムに切り替えました。今度は私が他の子育て中の方のサポートをしたいと思っています。当社では、社員が自ら提案し、さまざまなことに挑戦できます。ライフステージに合わせた選択肢も用意されていて、働きやすい環境も整っている。これから入社する人には、キャリアを諦めず、柔軟に働ける環境を活かしてほしいと思います。

数字で見る女性活躍

　エコリングの女性の育休取得率は100%です。育児における時短勤務制度の上限は最長12年となり、子どもの成長に合わせた働き方ができるところが当社の魅力。育休中の迅速な人員配置や男女平等な評価制度などにより、「えるぼし」認定で最高評価の3つ星を獲得しています。また、D&I推進チームは、女性が利用しやすく働きやすい店舗をプロデュースしており、重い商品運搬の負担を減らすなど、現場改善に取り組んでいます。

プロデュースした店舗

海外ボランティア活動って何してるの?

エコリングでは、海外ボランティアを実施しています。その詳細について、サステナビリティ推進部の村上さんにお話を伺いました。

答えてくれたのは、この人!

サステナビリティ推進部
部長
村上さん

社会課題解決への貢献を実感する機会

当社はタイの農村地域の学校で、子どもたちの自立を促す活動を行っています。魚を育てる水槽の設置など、収益を生み出す仕組みを構築し、単なる物資提供に留まらない支援の形を目指しています。当社は貧困問題の解決に取り組んでいますが、実際にその状況を目にする機会は多くありませ

ん。この活動は、社員が実際に現地を訪れて、自分の目で確かめ、経験する貴重な機会になっています。また、海外での活動のもう一つの目的が、リユース品の追跡視察です。買い取り商品がエンドユーザーにどのように届き、役に立っているのかを体感できます。この経験によって社員たちは社会課題解決への貢献を実感するとともに、次の挑戦への励みにしています。

Report

海外ボランティア活動「えがおプロジェクト2024」

2024年7月22日から25日にかけて、タイの農村地域でのボランティア活動「えがおプロジェクト2024」を実施しました。このプロジェクトは、2019年に始動し、コロナ禍を経て2023年度に再開したものです。2024年度は社員やグループ企業、社外参加者を含む83名が参加しました。

買取金額の一部を寄付していただいて集まったお金と、現地の中古品販売で売り上げた金額を、ボランティア先の学校に寄付します。2024年度は宅配買取で543,483円、現地販売で25,230THB（約11万円）の寄付金が集まりました。

寄付は、現地の学校の希望に応じて、養鶏場や養魚池の設置、鶏・魚の寄付、野菜畑の設置、給食の提供や子どもたちへのプレゼントなどに活用しました。ボランティア参加者は、現地の子どもたちと共に作業を行い、リユースを通じた社会貢献を実感することができました。

海外ボランティアは、自分たちの業務が世界のどこかで誰かの笑顔につながっていることを実感し、仕事の意義や目的を見出す大切な機会です。社会問題解決型の企業として、アジアの子どもたちに笑顔を届けるために、これからもこの活動を継続していきます。

- 2024年7月22日～25日
- 参加者：エコリング日本HD36名、香港支社4名、タイ支社19名、FC加盟店企業18名、社外参加者6名　合計83名

新しいオフィスについて教えて!

総務部部長
梶原さん

ロジスティクス担当 執行役員
瀧口さん

エコリングは2025年2月に新オフィスへ移転しました。
社員の働きやすさと効率化を目指したオフィスについて、瀧口さん、
梶原さんに聞きました。

コンセプトは、「HŌKO ～つなぐ・ひらく・宝庫～」。社員や商品、植物までもが宝であり、それを蓄える倉庫として宝庫を掲げています。

「つなぐ」には、リングのようなつながりをイメージした「繋ぐ」、各部署が連携しあう「係ぐ」、社員同士の対話を促す「絆ぐ」の意味があります。一方「ひらく」には、開放的なオフィスの「開く」、将来的な発展を意味する「拓く」、そして多様なアイデアが生まれる「啓く」という意味を込めています。

建物の大きな特徴は、エントランスからテラスまでを一体化した吹抜空間に、大階段を設置したことです。吹き抜けから入る自然光が、明るい雰囲気を創り出しています。4階部分には、社員が休憩できるカフ

ェエリアを設け、屋上庭園やイベントも可能な芝生広場を配置しました。

新社屋は、環境とウェルビーイングに配慮したオフィスとして「CASBEE-スマートウェルネスオフィス認証」の最高位「Sランク評価」を取得しました。DE&Iの推進の観点から、移転を機にさらに多様な人財の採用・育成が可能となる環境を整備しています。

私たちの会社は、いつも前向きで多様な価値観を持った人たちが出会い、そこから生まれる新しい気づきを活かして成長してきました。

だからこそ、新社屋はウェルネスオフィスとして意見交換をしながら多様性を認め合う場にしていきたい。そして組織として更なる発展を遂げ、地域社会に貢献したいと考えています。

タカラスタンダード株式会社

快適な水まわりをトータルに提案する総合住宅設備機器メーカー

世界最高レベルの「ホーロー」を武器に、成長を続ける

タカラスタンダードってこんな会社！

　タカラスタンダードは世界初のホーローキッチンを開発した総合住宅設備メーカーです。「水まわり設備機器」と「ホーロー技術」の進化を通じて、より多くの人が心地良い暮らしを楽しめるよう、キッチン、浴室、トイレなどの水まわり製品を製造・販売しています。

　最大の強みは、使う人を想い続けて辿り着いた独自開発素材"高品位ホーロー"。強度と美しさが特徴で、長く使い続けることでゴミの削減に貢献するサスティナブルな素材です。また、「見て、触れて、納得」していただけるよう、業界最多の全国約160か所に地域密着型ショールームを展開しています。住宅業界を中心に事業を広げてきましたが、さらなる成長に向けて、海外事業の強化、新規事業の創出なども積極的に行っています。

DE&Iの推進と共に。
持続可能な組織へ、
「変革への再挑戦」へ

管理本部 人事部長

山田さん

「ホーロー」技術を活かした「水まわり」のものづくり

タカラスタンダードは、水まわり専業メーカーとして、キッチンや浴室をはじめとする製品の開発や、住空間のコーディネート提案、リフォーム事業を展開しています。

110年以上の歴史の中で培った研究開発の知見と実績をもとに、"高品位ホーロー"という独自の素材を開発し、ものづくりを続けてきました。このホーロー技術を活かし、機能性とデザイン性を両立させた製品を提供することで、人々の暮らしをより快適にすることを目指しています。

持続的な成長に向けて新たな人事制度で組織変革

現在、持続可能な組織の実現に向けて「ホーローと共に、光輝く魅力ある企業へ」をビジョンに掲げ、収益力の強化と持続的な成長を実現する基盤構築を柱に、組織改革を進めています。

なかでも、2024年から新たな人事制度を導入し、全社を上げてDE&Iの推進に注力しています。その背景には、多様な人財が活躍し、チームが主体性を持ちながら成長することで、イノベーションが生まれる

ことを期待しているからです。

また、ダイバーシティの推進により、社員の幸せはもちろんのこと、企業理念の1つである社会との調和や環境への配慮といった、エシカルスタンダードを基盤にした経営を実現できると考えています。

互いを思いやる「利他」の精神が企業や個人の成長につながる

ダイバーシティを推進する上で特に大切にしているのは、「利他」の精神です。自己の利益だけでなく、他者や社会に対してどれだけ思いやりを持てるか。その精神が企業や個人の成長につながり、働きがいや生きがいにも結びついていくと考えています。組織の在り方として、この価値観を共有しながら、事業展開に重点を置いています。そして、多様な価値観に触れ、受け入れるという経験を通じて、自身の視野が広がり、創造力が高まり、引き出しの多い考動ができるようになるはずです。

タカラスタンダードは、「変革への再挑戦」を掲げて、社員一丸となって仕事に取り組んでいます。その実現には、多様な価値観を認め合い、それぞれが輝くことが不可欠です。日々の中でも個性を発揮してもらえたら、人事として最高に嬉しいですね。

等級・評価・賃金制度などを一から見直し
タカラスタンダードの新人事制度

管理本部
人事部
笠原さん

多様な人財や価値観のもとでイノベーションが生まれる組織を目指すために。新たな人事制度について担当者に聞きました。

過去に例をみない根本的な改革
新人事制度に込められた想い

タカラスタンダードでは、持続可能な成長を目指し、2024年から新人事制度を導入しています。その背景は、変化の激しい時代の中で、社員の働きがいにつながる人事制度をゼロベースで再構築すべきではないかと考えたからです。

従来の人事制度は、会社側から社員に対して「どのような人財が評価され、どのように成長していけば良いのか」が十分に示されていないことが課題でした。

そこで、まず企業理念を実現できる人財像を明確にし、それを「人財ポリシー」として"チャレンジ""育成／成長""自律自走"の3つを軸に定めました。社員の皆さんへ指針で示し、目標を持って仕事に取り組める環境の整備を進めています。

「タカラで働いていてよかった」を
つくり出す評価・等級制度

人財ポリシーの策定と共に、評価制度と等級制度を抜本的に見直しました。

以前の評価制度は、定性的な面が強く、評価者の判断に頼った内容であることが課題でした。そのため、評価の透明性と社員の皆さんの納得感を高めることを目的とし、定量的な評価制度へと移行しました。

新しい評価基準は、「成果評価」「能力評価」「行動評価」の3つの柱で構成されます。「成果評価」は社員が自ら定めた目標に対する達成度を評価します。目標には「チャレンジ度」が設定され、チャレンジングな目標を達成すれば、より高く評価される仕組みになっています。そして「能力評価」では人財ポリシーと連動した等級要件に基づき評価されます。「行動評価」は「理念・方針浸透」「相互尊重」など、タカラの行動指針や会社が求める行動がとれているかで評価されます。

さらに、「評価される社員＝人財ポリシーや等級要件を満たす人財」となるように、評価項目と等級要件を連動させた制度設計を行いました。例えば、等級要件に定められている「チャレンジ」「メンバー育成／自己成長」が評価項目の中に定められています。

これらについて、半期ごとに自己評価と上司評価を行い、評価ギャップや改善点があればフィードバックを通じてしっかりと話し合い、次回以降の行動変容につなげることで、評価制度を通じて人財育成ができる仕組みになっています。

新人事制度　企画からスタートまで

人事制度改革は2020年の終わり頃から本格的に始まりました。現行制度の課題を把握するために、2021年1月から2月にかけて、従業員満足度調査及び経営層へインタビューを実施。挙がってきた意見を踏まえて、約1年半の期間をかけて制度設計を行いました。

2024年4月に本格的にスタートしましたが、2023年度は準備期間とし、新制度への理解浸透を目的として全国の拠点での説明会、管理職研修会、eラーニングを活用した全社研修を実施しました。

人財ポリシー（求める人財像）

社員一人ひとりがタカラの理念体現者であるために、以下の人財であることを求めます。

「チャレンジ人財」
失敗を恐れず自らチャレンジし、前例や慣習にとらわれず、新たな取り組みを行える人財。
組織や周囲を巻き込んで、"チームで、計画的に"挑戦する人財。

「育成／成長人財」
ヒトを育てることができる人財。自分と関わるヒトを成長させる人財。
現状に満足せず目標と自己実現に向けて常に成長し続ける人財。

「自律自走人財」
指示待ち、受け身ではなく、自ら考え、行動する人財。

社員が個性を発揮し、チャレンジが評価される組織へ

新しい評価制度により、人財ポリシーに定める人財を育成する基盤が整いました。これは今回の人事制度改革の重要なポイントです。また、チャレンジしたことはきちんと評価され、たとえ失敗しても、次が必ずあることもしっかり伝えています。こうした仕組みが働きがいにもつながっていくと考えています。

評価・等級制度の変更と合わせて、柔軟なキャリア形成を可能にするキャリアコースの改革にも取り組みました。新しいキャリア区分では、「一般職」や「エリア総合職」などの枠組みを廃止し、すべて「総合職」に一本化しました。その中で3つの勤務地区分を新設し、ライフプランとキャリアプランの両面から自分に合ったコースを選べる仕組みになっています。勤務地区分は5年ごとに変更でき、ライフステージに合わせてキャリアチェンジも可能です。

人事制度刷新は、経営戦略と人財戦略を連動させるための改革の1つです。今後も、社員一人ひとりが自身の持ち味や個性を存分に発揮し、互いに尊重し認め合うことで、自分らしく輝き、活躍できる環境づくりを一丸となって進めていきます。

海外営業

「海外にもホーロー商品を広く届けたい」
入社1年目に掲げた目標に向かって着実に
キャリアを築き、その想いをさらに強くし
ている。

グローバル事業本部
事業戦略部
渡辺さん

2019年入社
社会学部 社会学科卒

将来は、海外に駐在して
現地と日本をつなぐパイプに！

入社の時「全国どこでも自分のスキルアップできる場所を、ゆくゆくは海外事業に挑戦したい」と希望を出しました。その結果、1年目はこれまで縁がなかった北海道へ配属に。少し戸惑いましたが、目標に向けて、ホーローの優位性やお客様ファーストの営業を学んだり、英語の勉強も始めたりしました。この経験は、自信になりましたし、念願のグローバル事業本部に異動した今、すべてつながっていると感じます。

現在アジア圏の営業を担当していますが、海外では日本以上に、水まわりと生活の豊かさが密接に関係していると実感しています。将来は、マネージャーとして海外に駐在して、現地と日本をつなぐパイプに。そして、海外事業に貢献していきたいです。

タカラスタンダードは歴史ある会社ですが、現在、「変革」を掲げていて、実際に変わろうとする雰囲気も感じます。何でも相談できる・さまざまな挑戦ができる「働きがいのある」会社だと思います。

ある一日の仕事の流れ

9：00	出社・メールチェック・スケジューリング
9：30	マーケットリサーチ
10：00	データ分析、リサーチ作業
12：00	昼休憩
13：00	営業との情報交換・共有
14：00	調査要件　部内検討
15：00	取引先との打合せ
16：00	プロジェクト部内打合せ
17：00	報告資料作成
18：00	退社

感じる変化とDE&I

新入社員定着率

91%

さまざまな研修プログラムと充実した教育制度で、若手社員の成長をサポート。また年齢に関係なく、チャレンジが歓迎され、意見の言いやすい雰囲気をつくっています。

ショールームアドバイザー

チーフアドバイザーとして、意見や考えを言いやすい環境と、接客を通してお客様に喜んでいただく幸せを、次世代につないでいく。

関西特販支社
営業推進課

松田さん

2017年入社
社会学部 社会学科卒

1年目の意見も尊重してくれる
私がうれしかったから、次世代にも

　一度接客をさせていただいたお客様に、「いろんなメーカーに行ったけど、やっぱりあなたに相談したい」と再来店された時は、頼っていただけているという実感があり、とてもやりがいを感じました。そして「この色がかわいいね」と商品を褒めていただくと、私までうれしくなります。

　入社1年目にショールームのリニューアルがあり、レイアウトについて自分の考えを先輩に話すと、「良いね」と言ってもらえ採用されました。新人の私の考えを尊重してもらえたことが、印象に残っています。それからは、常に自分の意見を言えるように、当たり前にある仕事にも、これが最適なのか、お客様のためなのか、など疑問を持ちながら、向き合うようにしています。

　現在は関西エリアの新築のショールームを統括する立場になりました。これからは私が管轄するアドバイザーが、自分の意見を持ち、行動したいと思えるような環境づくりをしていきたいです。

ショールーム出勤日の仕事の流れ

9:00	ショールームへ出社 朝礼・ショールームの清掃　メールチェック
10:00	ショールームOPEN 運営関連の資料作成、受付業務
17:00	ショールームCLOSE 終礼、締め作業やアドバイザー全体の残務確認
18:15	退社

支社出勤日の仕事の流れ

9:00	支社へ出社 メールチェック　資料確認してミーティングへ
12:30	昼食　ショールームへ移動 メンバーと打ち合せ　社内外とのMTG
18:15	退社

感じる変化とDE&I

女性の役職者の人数と率

2024年度

535名　8.3%

多様性を確保するための各指標を設定し、継続的に推進しております。女性の役職者の数も2018年度の186名から3倍近く増えていますが、さらに加速させていきます。

設計

小さな頃から料理好きで、キッチンのデザインに興味を持つ。女性の視点、消費者目線を活かしながら、オーダーメイド製品の設計を担当。

東日本直需支社
設計センター設計四課
田中さん

2016年入社
理工学部 建築学科卒

生活に欠かせない製品の設計はやりがいとモチベーションの源

首都圏のマンションやアパート向けに、現場ごとにオーダーメイドしたキッチンや洗面台、水まわり製品・収納家具などの「納まり図」の作成を担当しています。「納まり図」とは、建築部材や建築設備とタカラ製品の詳細な取り合いを盛り込んだ図面のこと。例えば扉が開くスペースが確保できているか、清掃性や搬入・配管は可能かなど着目点が多くあります。意図の伝わりやすさ、わかりやすさを意識する必要があり、難しくもやりがいのある仕事です。

職場では、同じフロアに営業や施工監理の担当もいるので、連携が取りやすく、もし質問があれば、丁寧に教えてくれます。私のチームは6人中5人が女性で、昼休みは主婦トークで盛り上がっています！

この仕事の魅力は、日常生活に欠かせない製品を扱っているところ。自分がつくったものが世の中に出て、たくさんの人に使われていると実感できた時には、とてもモチベーションが上がりますね。

ある一日の仕事の流れ

9:00 出社
メールを確認し、一日の仕事の流れを決める。
・新規の作図依頼確認（数件程度）
・海外の作図請負会社へ作図発注
・海外から納品された図面チェック
（1日2〜3現場）

12:00 昼食

13:00
メールをチェックし、返信。
引き続き作図の発注やチェックなどを行う。

18:00 退社

感じる変化とDE&I

育児休暇取得率（※2023年度）

男性 **79.1**%

女性 **100**%

子育てしながら働く社員の数は440人！ 育児をする社員への理解を深めるために、管理職に向けても育休研修を実施。男性育休取得率も年々上昇しております。

生産技術

効率化、自動化のヒントは、現場にあり。
生活に寄り添い、お客様が末永く
向き合う一生ものの商材を
現場と一丸となって、つくり続ける。

生産本部
生産技術部
井上 さん

2016年入社
工学部機械系工学卒

課題という宝物を常に探しています
生産には正解がないからおもしろい

　1年目から設備投資を任せてもらえました。設備投資とは、設備を活用し、いかに価格を抑えた製品をつくるかを検討する仕事で、生産技術部の花形業務です。上司や先輩にサポートいただきつつですが、若手社員にどんどんチャレンジさせてくれるところも魅力ですね。仕事だけでなく若手の意見を尊重してもらえる雰囲気があります。
　また3年目のジョブローテーション、6年目の部署異動で、ひと通りの工程を経験できたのが良かったです。新工場の立ち上げの際も、効果・メリット、金額・予算の積み上げを考える上で、経験のすべてが役立ちました。私の大きな財産です。
　ものづくりには正解もないし、終わりもない。現場には何か課題が転がっていると思っています。それを見つけに行くのは、宝探しみたいな感覚ですね。見つけた課題を改善していく過程もおもしろいです。この仕事が好きなので、これからもずっと設備投資に携わっていきたいです。

ある一日の仕事の流れ

9：00	出社・メールチェック
9：30	週次MTG　メンバーと情報共有
10：30	資料作成
12：00	昼休憩
13：00	業者打ち合わせ　新規設備投資案件など
15：00	工場打ち合わせ　コストダウン資料を工場と共有、内容精査
16：30	資料まとめ、打ち合わせまとめ　メールチェック
18：00	退社

感じる変化とDE&I

有給休暇の平均取得日数

2023年度
平均 **12.5**日

2018年度
平均 **7.9**日

本人や家族の誕生日などの記念日に、有給休暇の取得を奨励しています。有給取得日を増やしつつも、平均残業時間は4.1時間減っています。プライベートも充実させています。

「ずっとタカラで働きたい！」をつくり出す

タカラスタンダードの未来は、社員の活躍、成長があってこそ。
キャリア支援、福利厚生、研修や学びの機会を充実させ
誰もが活躍し、成長できる環境づくりを目指しています。

● キャリア申告制度

年に一度、社員が職種・勤務地の異動希望や、将来のキャリアの意向を会社に伝える制度です。キャリア申告の内容を踏まえ、勤務地の異動やコース転換、職種転換などを実施し、社員のキャリア形成を推進しています。社員からは「キャリアを考える良い機会になった」「自分の今後を真剣に考えてくれて、とても嬉しかった」といったの声が寄せられています。

● 寮・社宅制度

自宅から通勤に90分以上かかる事業所に配属された場合、一般的なワンルームを寮として手配し、基準家賃の75%を会社が負担しています。勤務地近隣の1Kマンションやアパートを手配しますので、普通の一人暮らしと変わりません。結婚後は社宅に移ることも可能です。

● 自己啓発支援制度

社員の自律的な学びを支援するために、年に2回、通信教育やeラーニングの受講者を募集しています。講座を修了した社員には受講費の8割を支給し、費用面もしっかりサポート。自分の業務に関連した講座や、日常生活に役立つテーマなど、個人の興味・関心にそって受講できます。

● 社内公募制度 （社内ジョブチェンジ）

「自分のキャリアは自分でつくる」という考えのもと、社内公募制度を導入し、社員のチャレンジや自律的なキャリア形成を応援する環境を整えています。国内営業から海外営業へ、ショールームアドバイザーから新事業の企画部門へ、支店の事務職から本社のDX推進部門へなど、多くの社員がこの制度を利用し、自分らしいキャリアを叶えてきました。

管理本部 人事部
出立さん

"個を伸ばす、個を活かす、個を尊重する。選ばれ続ける会社、Takara standard "というビジョンのもと、「一人ひとりが自分らしく輝き、活躍できる会社」を目指し、社員の活躍サポートやDE&I推進に向けた施策を企画実行・運用しています。
紹介した制度の他にも、若手から管理職まで、それぞれのフェーズに合わせて手厚くフォローする研修や、社会・地域貢献したいという社員の思いに応えた「ボランティア休暇」、子育てと仕事の両立を支援する「子育てみらいコンシェルジュ」も導入しています。2024年度には、子育てサポート企業として、プラチナくるみん認定を受けました！

いきいきと働くための仕事場紹介

お客様目線でいつもクリーンに、清潔に

2022年に本社エントランスをリニューアルしました。タカラ独自の"高品位ホーロー"のさらなる可能性を感じていただけるスペースになっています。オフィスもロッカー完備のフリーアドレス。社員同士交流を促します。4階には広くてきれいな社員食堂があり、憩いの場にもなっています。

管理本部 人事部 **井上**さん

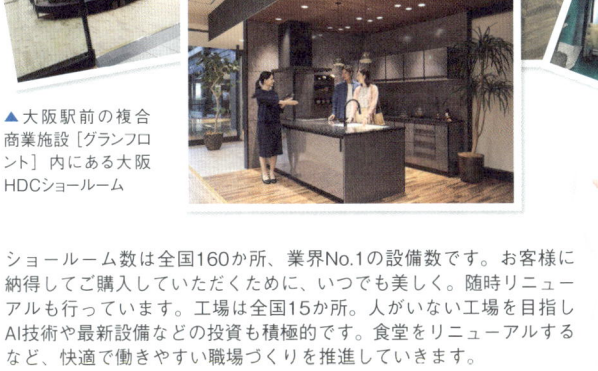

▲ 大阪駅前の複合商業施設［グランフロント］内にある大阪HDCショールーム

ショールーム数は全国160か所、業界No.1の設備数です。お客様に納得してご購入していただくために、いつでも美しく。随時リニューアルも行っています。工場は全国15か所。人がいない工場を目指しAI技術や最新設備などの投資も積極的です。食堂をリニューアルするなど、快適で働きやすい職場づくりを推進していきます。

接客レベルを上げる
アドバイザーの「2つの変革」

営業本部 営業企画部
ショールーム企画グループ
中平さん

営業本部 営業企画部
ショールーム企画グループ長
中村さん

タカラスタンダードのビジネスの根幹となるショールームは、「お客様の生活の快適・きれいを実現する」をミッションに、単なる商品説明ではなく、ご来店いただいた方に合わせた提案を行っています。お客様のニーズが満たされているか、相談の前後でアンケートを実施したり、ご要望を掘り下げるヒアリング技術を習得したりしながら、接客レベルのさらなる向上に取り組んでいます。その中で、近年は新たに2つの取り組みを行いました。

まず、2022年には創業110周年を記念してアドバイザーの制服を刷新しました。デザイナーに篠原ともえさんを迎え、ダイバーシティを意識してアドバイザーが好みで選べるように複数のアイテムを用意しています。制服の刷新に合わせて、プロのヘアスタイルレッスンも行い、お客様に第一印象から信頼いただけるような、品格を備えたスタイルにこだわっています。

また、2023年には「ユニバーサルマナー検定」を導入しました。この検定は、高齢者や障がい者など、多様な人々の視点に立ち、適切な理解のもと、行動する知識と技術を習得するもので、約800名のショールームアドバイザー全員が受講しました。現場では、筆談や手話で対応する意思表示「耳マーク」の導入など、すべての方に気軽にお越しいただけるショールーム運営に活かしています。

昨今では、お客様自身で簡単に情報収集ができるようになりました。そうした中でショールームの存在意義は、お客様の情報を整理し、最も価値のあるものを選ぶ手助けができることです。今後は接客にもさまざまなテクノロジーを取り入れながら、最適なサポートを提供し続けていきます。

成長の鍵をにぎる海外事業
ホーローの技術を世界に広げる挑戦

グローバル事業本部
事業戦略部
イザティ口さん

グローバル事業本部
本部長
石山さん

グローバル事業本部
事業戦略部
上田さん

　タカラスタンダードの唯一無二の素材、"高品位ホーロー"は日本だけでなく世界各国で高く評価されています。特に、東南アジアでは湿気やシロアリの問題が深刻ですが、防虫性・耐水性・耐湿性に優れているホーローには、大きなニーズがあります。

　現在の海外展開は台湾・中国・ベトナムが中心ですが、新たな国々への進出を目指して「グローバル事業本部」を新設し、組織体制や仕組みの変革を進めています。ダイバーシティをコンセプトにキャリア採用を行うなど、さまざまなバックグラウンドを持つ人材を積極的に迎え入れることで、組織の強化に取り組んでいます。

　グローバル展開には、社員の語学力向上や海外展開のスキル強化が欠かせません。そこで、英語の学習プログラムや海外人材研修を導入し、国際事業に対応できる人材の育成に取り組んでいるところです。

　また、日本と海外ではビジネスの進め方やコミュニケーションの仕方も異なるため、カルチャーショックを軽減できるようグローバル研修にも力を入れています。言葉や文化の壁を課題と捉えずに、それを乗り越

える手段を多角的に考え、営業や施工のノウハウを持つ人材が積極的に海外に挑戦できる環境づくりを目指しています。

　海外で活躍するためには、オープンマインドを持ち、どんなことにも挑戦しようとするチャレンジ精神が求められます。そして、マーケットを広げる企画力や想像力、コミュニケーション能力の高さも重要です。グローバル事業はこれからの部署であり、若い世代が中心となって挑戦できる環境があります。国際的な視野を広げたい、当社の海外展開に貢献したいという方には、ぜひチャレンジしてほしいです。

相互住宅株式会社

全社員が一体となって目指す

総合不動産会社のダイバーシティ

相互住宅株式会社ってこんな会社！

　相互住宅は1955年の創業以来、時代に合った住環境を提供してきた集合住宅のパイオニアです。現在は第一生命グループの総合不動産会社として多角的に事業を展開し、顧客への価値提供と社会課題の解決の双方に取り組んでいます。近年は社会からの要請にさらに応えるため、ESGへの取り組みにも着手し、安全性・品質・住みやすさなどを兼ね備えた住環境の提供にも注力しています。

　また、真面目で実直に仕事に向き合いつつも、柔らかさや風通しの良さを兼ね備えた社風が強みの会社です。社内外のコミュニケーションが活発であり、ワンフロアのオフィスでは部門を超えた交流の場も設けられています。テレワーク環境の整備も進めており、多様な働き方が実現できます。

DE&Iを原動力に
組織を変革する

代表取締役社長　**武富正夫**さん

DE&Iは重要な経営戦略

第一生命グループでは「DE&Iステートメント」を定め、すべての社員が個性を発揮できる環境づくりにグループ全体で取り組んでいます。当社ではこのステートメントに基づき、社員がお互いを尊重した上で価値創造に取り組むインクルーシブな職場環境づくりを推進しています。

お客様や地域社会が抱える多様なニーズに対し、当社が多彩な不動産機能を通じて価値提供を行う原動力はまさにDE&Iであり、当社の重要な経営戦略の1つとして位置づけています。

多様性こそが組織の活性化を促す

当社では年齢やキャリアの異なる約200名の社員が働いています。中途入社者が6割強を占める構成となっているほか、建物の設計や管理を担う技術系の社員が全体の2割程度を占めています。

また、社員の5割弱が女性であるほか、さまざまなキャリアを有するシニア社員も数多く活躍しています。

多様性のある組織を創るためには、誰もが何らかのマイノリティである可能性を自覚し、お互いに理解し合うことが大切です。

そこで、今年度より障がい者の方々を複数名迎え入れ、「わーくはぴねす農園」の運営をスタートしました。各人が個性や能力を活かして農園を運営し、他部署の社員とも定期的に交流しています。

また、近年は男性社員の育児休業取得率の向上にも注力しています。実際に取得した社員の体験談の共有を積極的に行った結果、男性社員の育児休業取得について社内でより浸透が図られていると感じます。

個性と強みが活きる
組織風土を醸成する

第一生命グループにおける「DE&I」はグローバルレベルで進展していますが、私たち相互住宅もグループ会社の一員として、これからも社員が安心して活躍できる職場環境を整備し、個性と強みが活かせる組織風土を醸成していきます。

そして、この取り組みが上質な住まいや働く空間づくりと、お客様のWell-beingの向上につながっていくという想いで、今後も組織のダイバーシティ施策を進めていきます。

「上質な空間」を提供する
総合不動産会社が取り組むDE&I

総務部
齊藤さん

目指すのは社員一人ひとりがお互いをリスペクトし、組織力を高めるための環境づくり。同社の取り組みを聞きました。

相互住宅が考える
「本当に働きやすい環境」とは

相互住宅では2021年から働き方改革の取り組みを加速させ、特にダイバーシティの推進に力を入れてきました。具体的には「女性の活躍推進」「男性の育児休業取得推進」「障がい者雇用推進」の3点をテーマにし、それぞれの取り組みに少しずつ効果が見え始めています。

当社では多くの女性社員が活躍していますが、その活躍を支えているのは育児休業に関する制度のほか、時短勤務やパート勤務など多様な働き方を選択できる環境であると思っています。2022年の11月には女性活躍の指標となる「えるぼし認定」で2段階目の認定を受けることができました。

また、各種制度の充実だけでなく、それぞれの制度を利用するのが"普通"と社員一人ひとりが思えるような風土の醸成も重要です。

今後、多様な働き方を経験した多くの女性社員が管理職になっていくことが考えられます。それによって、他の女性社員もキャリアパスを描きやすくなるなど、良い影響を受けるのではないかと思います。

男性社員の育児休業取得率
「100%」を目指して

以前から男性の育児休業取得を推奨していましたが、取得率はあまり高くありませんでした。

そこで、実際に育児休業を取得した男性社員にアンケートを取り、その結果を活かして改善に取り組みました。

また、育児休業制度への理解を促すため、社内のweb掲示板の機能を通じて積極的な情報発信も行ってきました。

その結果、以前に比べると男性の育児休業取得が当社の文化として根づいてきたと感じます。

オフィス移転でワンフロアに集約されたことにより、お互いの顔が見える環境となったことも良い影響を与えているのかもしれません。

なお、2022年の取得率は約25%でしたが、現在の取得率は大幅に改善し、ほぼ100%になっています。

ただ、この状況の継続が重要だと思っていますので、男性社員の育児休業取得率100%を目指し、引き続きさまざまな取り組みを行っていきます。

育児休業取得者の声

建物管理部 **山下**さん

育休期間中は仕事から離れ、リフレッシュしながら子育てに取り組めました。子どもと過ごす時間が増え、成長を間近で見ることができ、親子の絆が深まったと思っています。育休取得前には趣味のサーフィンに行けると淡い期待を抱いていましたが、実際には忙しくて行けなかったことも良い思い出です。また、管理職の自分が育休を取得したことで、メンバーが安心して育休取得できるような環境を整えてサポートしようと再認識しました。

マンション事業部 **佐藤**さん

2人目の子どもが産まれた際に育休を取得しました。周囲に迷惑をかけるのではないかと心配でしたが、上司・同僚が快諾してくれて嬉しかったです。家事・育児に参加したことで、日頃は家族に支えてもらって仕事ができているのだと改めて実感しました。また、これまでは1人目の子どもと土日しか遊べていなかったので、育休期間中にたくさん遊べて仲が深まったと感じています。今しかない子どもとの大切な時間を過ごすことができました。

マンション業務部 **岩本**さん

産休前は体調面など周囲の方々に気遣っていただきました。その際、お子さんのいる先輩方から子育ての経験談を教えていただいたことも印象に残っています。育休期間はコロナ禍で家に籠りがちだったので、復職の際に社会とのつながりを再認識できたことも嬉しかったです。また、産育休を取得したことで、自らを多面的に見ることができました。今後は母としての自分と、仕事に集中している自分の良いバランスを模索していきたいです。

ビル事業部 **柴田**さん

育休取得中は復職に対する不安を感じたりもしましたが、会社で何か変化があった時にすぐに連絡をくださったり、「待っていますよ」と言葉をかけてくださったり、上司から温かくフォローしていただけたことが嬉しかったです。また、育休の取得がきっかけで「誰かの役に立ち、自己成長を実現する」ことが私の働く動機だと気づけました。上司・同僚から優しく受け入れていただいたので、自分もその優しさを誰かに受け継ぎたいです。

「わーくはぴねす農園」の取り組み

現在、4名の社員が千葉県の農園で野菜を栽培しています。収穫した野菜は社内で定期的に配付し、受け取った社員から農園のメンバー宛にメッセージを送ったり、月に1度農園に足を運んで、一緒に収穫を行ったり、本社の社員との"共存"をテーマに取り組んでいます。より多くの社員に「農園に行ってみたい」と思ってもらえるよう、この取り組みを社内に浸透させることが目標です。障がいの有無にかかわらず、共存して働ける職場を実現していきたいですね。

総務部 **矢内**さん

さまざまなチャレンジを通じて
ダイバーシティを支える

社会貢献にもつながる取り組みとして、「わーくはぴねす農園」での障がい者雇用を今年度より開始しました。当社と雇用契約を結んだ4名の社員（農場長1名、障がい者3名）が主体となって農園を運営しています。

運営開始当初からそれぞれの個性を活かしながら作業に取り組み、11月に初めて野菜を収穫することができました。なお、収穫した野菜は定期的に社員に配布していますが、野菜を受け取った社員が実際に調理をした感想や御礼を、農園で働くメンバーにフィードバックする取り組みを行っています。

働く場所が離れており、顔を合わせる機会があまり多くないため、限られた機会を最大限に活用し、一体感を持って運営を行うことが大事だと思って取り組んでいます。

また、月に1度は社員が農園を訪れ、一緒に作業することも継続して行っています。

将来的には、収穫物を社外に寄付するなど、更なる社会貢献にもつなげていきたいですね。

さらに、シニア層の活躍推進にも取り組んでおり、定年を60歳から65歳へと延長する予定です。培った知見や経験を最大限に活かして働いていただけるような制度を目指しています。

当社は他の不動産会社と比べても事業領域が広く、働き方に関しても多様なニーズに応えられる環境があります。今後もより働きやすい環境を整え、働く社員一人ひとりが自身の経験を活かして生き生きと働ける職場を創っていきたいです。

不動産のプロフェッショナルを育てる
相互住宅の人財育成

総務部
山内さん

働きがいやWell-being向上を重視して組織風土改革を推進する相互住宅。求める人財像やキャリアパスについて聞きました。

お客様や会社を想い
行動できる人を育てる

　当社が社員に期待する行動は大きく3つあります。1つ目は常にお客様やマーケットなど、社外に向けた目線を持って挑戦すること。2つ目はつながりや個性を尊重しつつ、価値を創造すること。最後は当事者意識を持つことです。また、これらの根底には、お客様や会社のために利他的な意識を持って行動することが重要という考えがあり、当社の大切な基盤となっています。

　当社では不動産事業を幅広く展開していますが、どの部署であっても社内外のステークホルダーと良好な関係を築く必要があります。そのため、お客様や会社のために行動できるかどうかを特に重視しています。

　なお、当社の中期経営計画の重点事項として「人的資本経営の推進」を掲げており、社員の働きがいやWell-being向上に取り組み、組織風土改革の推進につながるような人財育成に取り組んでいます。

　その一環として、若手社員から中堅社員向けには階層別研修を展開しています。また、新入社員については、キャリアデザインの一環として内定後に配属可能性のある部署の話を聞く機会を設けるなど、さまざまな取り組みを行っています。

　マネジメント層向けには、同僚や部下など幅広い視点からフィードバックを受ける「360度レビュー」のほか、社長自らがファシリテーターとなってマネジメント層の学びや気づきを深める「社長塾」などを今年度から始めました。

　従来はゼネラリストを育成する方針でしたが、近年は各事業領域における業務の専門性が高まっており、社外の方々からも専門性を有することを期待されてきています。そのため、さまざまな部署での経験を一定期間積んだ後、各人が自身の強みや専門性を深められる人財育成にシフトしています。社員一人ひとりには当社のフィールドを存分に活用し、キャリアアップにつなげていってほしいですね。

　中途入社の社員についても、キャリアに関する考え方は新卒入社の社員と同じです。即戦力として期待されての入社となりますが、希望に応じて他部署への異動も可能です。総合不動産会社であることが当社の大きな魅力なので、このフィールドを存分に活用してほしいです。

社員の働きがい・Well-being 向上に向けた取り組み

相互住宅の組織づくり

社内で実施したエンゲージメント調査によると、働きやすさ、業務効率、社内環境に関連する項目は評価が上がった一方、コロナ禍もあり「以前より社員同士の交流が希薄化した」という声もありました。そこで、「一体感の創出」「コミュニケーションの活性化」に焦点を当て、さまざまな取り組みを行っています。その一環として、社員のWell-beingの向上をテーマとしたセミナーや、社長と直接対話する機会として「社長と語る」を定期的に開催しています。「社長と語る」は今年度7回開催し、50名以上の社員が社長と直接対話を行いました。また、人財育成に関しては、第一生命グループ各社との合同研修や、若手層を対象としたキャリア研修、管理職の社員を対象とした社長塾などを実施しています。

（総務部　船橋さん）

新・経営理念創造プロジェクト

「新・経営理念創造プロジェクト」は2025年に創立70周年を迎えるタイミングで、新たな経営理念を策定するために立ち上がりました。経営理念体系を見直すことにより、相互住宅が目指す姿や強みを各社員が再認識するとともに、社員一人ひとりのアイデンティティを明確にする機会を創出することを企図しました。また、各部の中堅社員

が集まった部門横断型プロジェクトチームが主体となり、経営層と一体となって検討を進めることで、ボトムアップの風土醸成にもつながりました。さらに、プロジェクトメンバー同士の意見交換、経営層との対話や全社員へのアンケートを通して、試行錯誤しながら新経営理念を検討していきました。

（総務部　船橋さん）

参加者の声

○ 「社長と語る」

プロジェクト開発部
田中さん

社長と対話を行う機会に参加した際、一緒に参加した先輩社員がより良い会社にするために具体的なイメージを持っていることを知り、目の前の業務だけにフォーカスするのではなく一つひとつの業務の意味・目的を意識して取り組むようになりました。また、参加するまでは社長は少し遠い存在だと思っていましたが、会社の目指すべき姿を考える時間を共有したことにより、社長も同じ目的を持った仲間だと感じられました。

「社長と語る」

マンション事業部
伊藤さん

社長と対話を行った際に「大変だった仕事が、後から振り返ると自身の力になる」とおっしゃっていたことが印象的でした。その話を聞き、自身が大変だと感じている業務も「未来に活きる」と思いながら前向きに取り組んでいます。また、対話の際には、自身の所属するマンション部門の重要性について社長が語る機会もあったため、自身の業務が当社の成長の一端を担っているという責任を一層強く感じることもできました。

○ 新・経営理念創造プロジェクトメンバー

総合企画部
藤田さん

本プロジェクトのリーダーを務めましたが、役員や社員の想いをプロジェクトメンバーでまとめていくことに難しさを感じました。その過程で印象に残ったことは、経営層と会社の目指すべき姿、強みや弱みを一緒に考え、一体となって取り組みを推進したことです。プロジェクトメンバーがボトムアップで検討した後、役員とお互いの想いを確認し合い、対話を深めながら検討を進めた時間は貴重でした。

新・経営理念創造プロジェクトメンバー

マンション業務部
鈴木さん

本プロジェクトを進めるにあたり、まずは相互住宅の強みや弱みの洗い出しから始めました。その後にさまざまな検討を進めましたが、プロジェクトの目的や経営理念への想いはお互いに共有できているものの、ゴールが見えない中で経営理念を新たに策定するプロセスは難しかったですね。ただ、業務で深い関わりのないメンバーもいる中で、各人が自身の考えや意見を伝え、お互いに共鳴し創り上げていく過程はとても楽しく有意義な時間でした。

「フレキシブルな働き方」を推進する新オフィス

ビル事業部 **廣瀬**さん

総務部 **大﨑**さん

プロジェクト開発部 **髙橋**さん

全社横断プロジェクトで検討し、2022年に移転した新オフィス。
プロジェクトメンバーの皆さんにお話を聞きました。

新オフィスの座席はフリーアドレス制となっており、業務内容やその時の気分などに応じて好きな席で仕事ができます。デスクスペースのほか、囲いがある「集中ブース」や、会話しながら仕事ができる空間を設けています。また、社員が気分を変えやすいよう、立って仕事ができるハイテーブルも導入しています。そのほか、社員が集まれるカフェスペースをオフィスの中央に配置し、社員同士の懇親会やセミナーにも活用しています。

なお、社員一人ひとりが新オフィスでいきいきと働いてもらうため、2つのキーワードを設けて取り組んでいます。1つ目は「社員の一体感」、2つ目は「フレキシブルな働き方」です。

「社員の一体感」につながる取り組みとして、普段接点のない社員と話す機会を創るために席替えイベントを実施し、活発なコミュニケーションを促しています。また、自部署のメンバーに限らずプロジェクトに応じて関係するメンバーと近くに座り、仕事をスムーズに進めることも推奨しています。

「フレキシブルな働き方」に関連した取り組みとしてフロアの1/4程度をシェアオフィスとして運営しています。社外の方々だけでなく社員も自由に利用することができ、自社オフィス内にはない席や個室もあり好評です。

新オフィスに移転してから「社員同士のコミュニケーションが取りやすくなった」との声が数多く届いています。今後も社員一人ひとりの声を反映し、オフィス環境の改善につなげていきます。

▲オフィス風景

▲シェアオフィス

ブランディング発信スペースとして受付に「ヒストリーウォール」を設置。70年に亘る当社の歴史が一目でわかります！

オープンなソファ席でゆったりと座れるファミレスブース。ちょっとした打ち合わせや、資料を広げて作業したいときにも便利です！

事務用品を収納する「マグネットスペース」が各エリアにあり、多くの社員が訪れて部門を超えたコミュニケーションの起点に！

社内にはさまざまなワークスペースがあります。ハイテーブルは立ちながらのミーティングや、隙間時間での個人作業に便利です。

カフェスペースにはオフィスコンビニやウォーターサーバーのほか、手軽に栄養を摂取できる野菜・果物スムージーの販売機も設置。

相互住宅の社員が考える「ダイバーシティ」とは

多様な年代・経歴を持つ社員の皆さまにお話を聞きました。

マンション事業部	ソリューション事業部	ビル事業部	建物管理部
田中さん	**三橋**さん	**柴田**さん	**西方**さん

> 目の前の課題に対し、みんなで意見を出し合える社風が魅力です

西方：相互住宅は、どの部署がどんな課題に取り組んでいるのかがわかりやすく、その課題に対して部署を超えて取り組める点が良いところです。

柴田：新卒入社者をはじめとして、中途入社後、再雇用者などさまざまな社員がいますが、良い意味で上下関係がなくフラットな社風だと思います。アットホームで相談しやすい雰囲気があり、若手社員も声を上げやすい環境です。

三橋：部門横断チームがある点も良いところです。私は各部署の社員複数名が参画している生産性向上チームに入っていますが、

現場の意見を踏まえて新たに機器を導入し、業務の効率化につなげることができました。社員がお互いに意見を出し合い、会社をより良くできる環境があると思います。

> 今後もキャリア開発につながる社内研修の機会を期待しています

三橋：社内で実施された若手社員向けのキャリア研修において、他部署の業務ややりがいについて学ぶ機会がありました。自身の今後のキャリアを考えるにあたり、当社の仕事を多角的に捉える良い機会だと思いますので、引き続き設けてもらいたいです。

西方：相互住宅がさらに発展するためには、社員一人ひとりが仕事のやりがいを感じ、主体的に活躍できる環境の整備が大事だと

思います。そのためにも、ワーク・ライフ・バランスを引き続き強化していけると良いです。

柴田：個人的には柔軟に勤務時間が変更できるような制度の導入に期待しています。子どもの成長に合わせて働き方が変えられる環境が整備されたら、とても嬉しいです。

田中：以前に比べて働き方が多様化し、デジタル化が必要不可欠な時代になりましたので、相互住宅として更なるIT活用に取り組みつつ、社員一人ひとりのデジタルスキルを向上させることが課題だと思います。

多様なスキルや経験を持つ人財が各分野で活躍しています

田中：当社は総合不動産会社であるため、業務が多岐に渡り、一級建築士をはじめとしてさまざまな専門性・スキルを持った社員が在籍しています。私の所属する部署では外国籍のお客様と対応するケースもあり、多言語スキルを持つ社員が活躍しています。

三橋：働き方の面では、周囲の理解を得た上で出社時間を調整することができ、各人の事情に合わせて柔軟に働ける環境だと思います。

柴田：私は産休や育休を取得した後も働き続けていますが、このような女性社員が増えていますし、田中さんのように定年退職後も働き続けている方もいます。

西方：私が所属する部署は中途入社者が多いため、各人のキャリアはさまざまです。そのため、一人ひとりの異なる発想や提案に期待しています。

ワーク・ライフ・バランスを意識した働き方を目指したいです

柴田：今後も仕事と家庭のバランスを取りながら、自身の仕事を最大限に頑張りたいと思っています。私は中堅の立場になりつつありますが、周りから気軽に相談してもらえる存在を目指していきたいです。

三橋：私はさまざまな仕事を経験し、自身の知識を蓄えていきたいです。現在所属しているソリューション事業部は他部署との関わりが大切な部署です。その経験を活かしながら他部署において新たな知識や経験を積み、後輩に伝えていけるような存在になりたいです。

西方：私はマネジメントを担う立場ですが、部下や後輩の発言から気づきを得ることが多いため、メンバー一人ひとりが思ったことを遠慮なく言える環境を創っていきたいです。

田中：私は2024年3月にいったん定年退職を迎えましたが、今後は再雇用社員として培った知見を活かしながら会社に貢献し、今まで育ててもらった恩返しができたらと思っています。

dentsu Japan
（国内電通グループ）

「多様な個の掛け算」から
イノベーションを生み出し続けるために

dentsu Japan ってこんなグループ！

　国内電通グループの約140社、23,000人で構成されるdentsu Japan。近年は、広告・コミュニケーション領域のみならず、システム開発、事業創造、企業変革など、あらゆる領域の課題を統合的に解決し、顧客の「成長」に伴走しています。多様な領域で新しい価値を生み出し続ける源泉は、従業員一人ひとりの多様性にあります。それぞれが自分の「やりたいこと」を明確に持ち、自発的に考え、行動する。互いの違いを尊重し、さまざまな意見を縦横無尽にぶつけ合うことで、思いもよらないアイデアが創造される。DEIの領域でも、社内施策だけでなくビジネスソリューションまで、さまざまなアクションが生まれています。

「DEIは競争力の源泉」
人財の強みを生かすDEI推進

dentsu Japanでは、DEIの取り組みをグループ全体で推進するための専門チーム「DEIオフィス」を軸に、全員が一丸となって取り組んでいます。DEIに取り組む意義はどこにあるのか。2人のキーパーソンにお聞きします。

dentsu Japan
チーフ・ブランディング／
カルチャー・オフィサー

吉羽 優子さん

dentsu Japan
チーフ・ダイバーシティ・
オフィサー兼ヘッド・オブ・
サステナビリティ

口羽 敦子さん

多様な個の掛け算が、
自走する組織に

吉羽 電通グループ（dentsu）のパーパスは「an invitation to the never before.」。「never before」には、まだ見ぬアイデアを生み出し続けることで、顧客へ、そして社会へ持続的に貢献していこうという意味が込められています。そのために必要なのが、「多様な個の掛け算」。一人ひとりが能力を最大限に発揮し、その専門性を掛け合わせることで新しい価値や可能性を生んでいく。その掛け算が、至るところで自走していく組織でありたいと思っています。

口羽 つまり、DEIは私たちの競争力の源泉ということです。dentsuでは、人財こそが最大の資産なので、「全員活躍」を合言葉に推進しています。dentsuの人財の強みは、アイデアとそれを実現したい！というパッションが一人ひとりに内在していること。この強みを最大限生かしながらdentsuらしいDEIを推進しています。

カルチャーをつくる
dentsu流　ボトムアップDEI

吉羽 dentsuのカルチャーとして、誰かから言われてやるのではなく、従業員の「こんなことをやってみたい！」という思いからさまざまなアクションが生まれ、実現されていくという企業風土があります。DEI推進でも、この従業員からのボトムアップのパワーを大切にしています。

口羽 まさに、グループ各社の従業員が、自身が所属する組織のDEI課題を発見し、周りを巻き込みながら、自らアクションしていますよね。それが自走しているのがdentsuらしくて、年間200くらいのアクションが現場で生まれ実践されています。

吉羽 結局、カルチャーは一人ひとりの行動の蓄積なので、トップダウンだけではスピードが遅いんですよね。従業員一人ひとりの志に根差したボトムアップがインクルーシブな企業風土醸成には欠かせないと感じています。

dentsuのDEIは、ひとりひとりの個性と強みを発揮する

DEI

知る。話し合う。変えていく。

「あなた」に対する好奇心を持つ

口羽　そうですね。DEIの本質は、目の前にいる人との違いを知り、認め、生かしあうことだと思います。誰でも、これまでの人生で培ってきた強みが必ずあります。dentsu Japanで働く仲間にも、これから入ってくる方々にも、自分の強みを認識し、それをお互いに生かし合ってほしいと思います。

吉羽　私は周りの人に対する好奇心が大事だと感じます。誰でも強みや魅力を持っていますが、その相手に対して興味がなければ見出すことができません。「この人って私と全然違うけど、面白いな」とみんなが思えると、きっと社会が良くなるんだろうなと思います。

口羽　先日、全社に送ったメールの中に「貪欲に求め合おう」というメッセージを入れたんです。例えば、自分の身近にいないマイノリティの人たちに対して、自分とは遠いと思いがちです。でも、自分と遠いと思う人ほど、自分には見えていない視点がある。それを貪欲に求め合うことで、想像を超えるアイデアが生まれると思っています。根底にあるのは、「あなた」に対する好奇心ですね。

吉羽　その方が面白いよなって思うんですよね。せっかくいろいろな人と出会って、いろいろなことをできるんですから。

「誰でも強みがある」
自分の強みを認識し、
それをお互いに
生かし合ってほしい

「この人、私と全然違うけど、面白いな」
とみんなが思えると、きっと社会が良くなる

DEIパーク

「DEIパーク」とは、dentsu Japan独自の学びとアクション創出のためのプラットフォーム。DEIの基礎知識の習得と、マイノリティ当事者である仲間の声を聴くプログラムをコアに、参加者自らが対話・発信などのアクションを生み出しています。

一人ひとりの「やってみたい」がアクションを生み、広がっていく

DEIパークは2021年にスタート。現在すでに第7期を迎え累計1,500人以上が参加するプラットフォームです。このDEIパークには、アクションの要となる人がdentsu Japan各組織から選抜され参加します。これまでに国内グループ各社の経営層から一般従業員まで広く参画。所属部門も偏りがないことが特徴で、すべての従業員が安心して自らの能力を発揮できる組織を目指しています。

DEIの課題を具体的に解決していくためには、一人ひとりが主体的に行動することが必要です。dentsu Japanでは、研修だけではなく「アクション創出プラットフォーム」として、一人ひとりがアクションに参加できるような仕組みにしています。

プログラムでは「当事者の声を聴く」ことを大事にしており、dentsu Japanに所属するマイノリティの方にお話をしてもらっています。当事者の困り事や不安、周囲のサポートについて、生の声で語ってもらう。それが一人ひとりの「自分ごと化」につながっています。

プログラム内では対話の時間を必ず設け、感じたことや考えを共有し合います。その際に見えてくる自分と他者との考えの違いを認め、1つの気づきとすることを大切にしています。

これらのプログラムが、参加者にとって自組織に必要なDEI推進を考える機会となり、さまざまなアクションを創出。周囲もどんどん巻き込まれ、DEIに対する意識が高まるなど、大きな影響力があります。

一般的に、DEIの研修などは外部講師や研修団体を招いて開催することが多いですが、dentsu Japanではほとんどの研修やアクションを自ら企画・実行しています。これも、やりたいことへのチャレンジを後押しするdentsuならではの取り組みです。

その他の従業員向けプログラム

dentsu Japanでは、従業員であれば誰でも参加できる
イベント・制度を多く提供しています。

DEI Month

■ 多様な視点や経験を得られる機会を提供

　1か月にわたり多様なプログラムが開催されるDEI Month。DEIテーマに関するオンラインセッション、農福連携の農園体験（163ページ参照）、dentsuのクリエイティブディレクターによるアイデア創発のワークショップなど、プログラム数は20以上。毎年、プログラムは刷新しており、「具体的に業務に役立つ」などの声が多く届きます。

IWD (International Women's Day：国際女性デー)

■ すべての従業員にとって働きがいがあり成長できる職場をつくる

　dentsu Japanでは、国際女性デーに合わせて複数のプログラムを開催しています。2024年の取り組みでとくに評判がよかったのは、グループ各社から複数の女性マネジメントを招いたリアルトーク。女性にとってロールモデルが見つけづらい中で、キャリアに対する意識や行動の幅を知ることができる機会になりました。また、男性役員を聞き手に、女性のヘルスケアに関するオンラインセッションを開催。さまざまなジェンダー課題を、全員が認識し考えられるよう多様なプログラム展開をしています。

Tokyo Pride (旧：東京レインボープライド)

■ LGBTQ＋当事者とアライを力強くサポートする職場を目指して

　Tokyo Prideは、LGBTQ＋の課題解決を目指すイベントで、dentsu Japanでは、8年前からブースを出展しています。ボランティアに参加する従業員や、dentsu Japan各社の経営層は年々増え、当事者とアライのネットワークが広がっています。従業員の家族向けツアーを実施したり、ブースを訪れた一般の方々とのコミュニケーションを通じて、より多くの人々に理解と関心を持っていただける機会づくりを続けています。

さまざまな企業で組織されるdentsu Japan。
各社の壁を越えて、活躍の場を広げる制度も用意されています。

「dJオープンキャリアプログラム」

　dJオープンキャリアプログラムは、dentsu Japan各社の社員を対象とした公募制度です。配属が決定した場合は、希望先のグループ会社で2年間働くことになります。

　本プログラムは、「意欲的な人財の自律的なキャリア支援」と「グループ内の人財交流」を加速させることで、社員がもっとパフォーマンスを発揮できるようにすることを目的としています。また、各社の知見やスキルを「掛け算」することでの組織力向上を目指しています。

　2024年度から導入され、初年度は17社が参加。55人が応募し、配属決定者は27人となりました。応募者からは「キャリアアップのための選択肢が広がる」「とてもいい取り組みだと思うので、継続的に実施してほしい」など前向きな感想が寄せられています。今後も実施していく予定です。

ERG活動（従業員リソースグループ）

ERGとは、従業員による自助グループのこと。
dentsu JapanではさまざまなERGが活動しています。

dJ Pride Hub （2024年設立。約50人が参加）

テーマ LGBTQ+

LGBTQ+を支援・エンパワーする組織で、リテラシーや働きやすさ向上を目指して活動。
当事者・アライ（支援者）問わず参加可能。参加者は全国にまたがり、オンラインを基本とした情報交換やテーマ別の座談、勉強会を開催しています。また、全国各地で開催されるイベントへの参加なども行っています。

ユニカフェ （2024年設立。12人が参加）

テーマ 障害

障害の種別もたどってきたキャリアもさまざまな当事者が月に1、2回リモートで集まっています。交流を楽しむのはもちろん、組織に向けて当事者だからこそできる提言を行っています。ユニカフェの"ユニ"は、"1つ"という意味。唯一無二の個性がつながって、社内外に新しいムーブメントを起こすことを目指しています。

メンタルヘルスラボ （2021年設立）

テーマ メンタルヘルス

「メンタル不調やそれに起因する制約があっても、自分らしさを活かして働ける」ことを目指すラボ。メンタル不調経験のある従業員によるセミナーや、臨床心理士立ち会いのピアグループを定期開催しています。心身の波と付き合いながら働ける会社、自分も周囲も大切にできる社会に向けて活動しています。

Meet Dentsu-jin in English（2022年設立。20人以上が参加）

テーマ 多文化

dentsu Japanで働く、日本語を母国語としない人が気軽に英語で情報交換・雑談ができる会を開催しています。英語で話す機会を求める日本人従業員も多く参加しており、社内外で困ったことを助け合うコミュニティにもなっています。月に1回、ランチタイムにオンライン・リアルのハイブリッドで開催しています。

dentsu Japanで働く個性豊かな社員を紹介！

～多様な個の掛け算とは？～

dentsu Japanでは多様な個性を持つ従業員が生き生きと働いています。
こちらでは、その従業員の働きがいや目標をご紹介。さまざまなバックグラウンドや価値観を持つ
従業員の個性が掛け合わされて、dentsuらしいアイデアやソリューションが生み出されています。

みんなが、夢をあきらめずにいられる

私は、NASAで働くことを夢見てアメリカに留学し、卒業後はロケットや宇宙ステーションの開発に携わりました。出産に伴い憧れの仕事から離れることも覚悟しましたが、縁あって柔軟に働ける電通総研に入り、いまでも宇宙に関わっています。航空宇宙産業の製品を支援する現在の仕事は、実は自分でつくりました。出産や育児によって、自分の望むタイミングで行動できないこともあると思いますが、ちょっとわがままに生きても大丈夫ですよ。

電通総研
製造エンジニアリング
本部
航空宇宙・
次世代モビリティ領域担当

山崎さん

がんが与えてくれた気づきを生かす

電通
ビジネスプロデュース部門
名島さん

私はがんの治療中に、これまでマイノリティの方々の気持ちを想像できていなかったことに気づきました。会社ではピアサポートの場があり、精神面でも支えられています。治療で頭髪が抜け、帽子着用を許容してもらえたこともありがたかったです。病気を通して、後悔のない人生を送るには何を大切にしたいのかを常に自問するようになりました。罹患しなければ気づけなかったことを生かし、周囲を笑顔にできるような人になりたいと思います。

みんなへの感謝が原動力に変わる

私は性別移行をした経緯があり、その過程で社内へのカミングアウトがありました。新しい自分になれたとき、当時の部長は「ようやく会えたね」と温かく迎えてくださいました。部員や周りの方々も、名前の変更ができた際には新しい名前で呼んでくださり、戸籍が変わった際にも一緒に喜んでくれました。感謝を忘れず、これからは頂いた恩を返していきたいと思います。

電通
マーケティング部門
大島さん

誰もが自分らしさを発揮できる環境

電通九州
人事部
瀧本さん

私は軽度外傷性脳損傷と高次脳機能障害があります。障害がある人は、職場環境によって十分に力を発揮できないことがありますが、dentsuは安心して働ける環境が整っていると感じます。私は人事関連システムに携わっており、「これ、エクセルでできない？」などと依頼されるとわくわくします。dentsu Japanの皆さんは多様な強みを持ち、常にアップデートしています。私も自分らしさを生かして、会社と社会に貢献していきたいと思います。

電通コーポレートワン
広報部門
トドルさん

✖ 多様性から生まれるチームの実行力

外国人の方が日本国内の企業で働く上では、言語だけではなく、価値観や物事の見方の違いに由来する不安があると思います。dentsuはとにかく「人中心」で、それぞれの多様性が尊重されており、国籍や宗教などに対する差別は許されません。仕事を通して、想像力と多様性に富んだチームの皆さんと同じ目標に向かうことに価値を感じます。さらに協力を深め、グローバル企業としての広報機能をより一層発展させたいです。

✖ 過去の経験が自分の強みになる

私は、プロデューサー兼メディカルライターとして働いています。以前は臨床獣医師として勤務していたことから、動物医療の案件で相談を受けることもあり、経験を生かすことができています。中途採用の方は、同様に過去の経験を生かすことができると思います。また、働き方の多様性が尊重されていて、私も子育てをしながら柔軟な働き方をしています。これからも子育てと両立しつつ、ヘルスケアの幅広い領域で楽しく働いていくことが目標です。

dentsu health Japan
ビジネスクリエイションセンター

小島さん

電通
ビジネス
プロデュース部門
渋谷さん

✖ 人生のターニングポイントに柔軟に対応

夫の海外赴任に帯同するために2021年7月に退社し、赴任終了後の2024年1月に復帰しました（※）。まだ業務と生活の両立で頭がいっぱいですが、これから夢や目標を探していきます。電通には、難題に対してみんなで取り組むチームワークがあります。初めてのイベントを手探りで企画したときには、チームの一体感にわくわくしました。今後、私と同様に休職から戻ってきた人も活躍できる環境づくりをしていきたいと思います。

※電通における、配偶者の転勤・転職に伴う退職及び再雇用制度を利用。

✖ 育児から得たかけがえのない価値を見失わずに

会社や働く仲間が男性の育児に寄り添うためには、制度や仕組みの実装が必要です。僕は夫婦ともに仕事を休んで育児するのが面白そうだと感じて、約半年間の育休を取りました。その後も、スーパーフレックス勤務と在宅勤務を認めてもらうことで、保育園の送迎や子どもの発熱時などにも柔軟に対応できました。育休は期間限定ですが、夫婦一緒に育児を体験することで得た共通言語は、何十年も先まで通じる価値あるものだと思います。

電通
クリエイティブ
プランニング部門
魚返さん

「B2B2S」DEIをビジネスそして社会変革へつなげる

DEI視点から生まれたビジネスと活動事例

---

dentsu DEI innovations（旧 電通ダイバーシティ・ラボ）

マーケティングとDEIをつなぎ合わせる

これまでマーケティングとDEIは真逆の存在と捉えられがちでしたが、それらをどうつなぎ合わせるかが問われています。dentsu DEI innovationsでは、dentsu Japanの私たち自身が多様性課題について学び、あらゆる企業の成長とインクルーシブな社会の実現を結びつけていく力となることをミッションにしています。

新たなマーケティング概念の「インクルーシブ・マーケティング」始め、ユニバーサルデザインフォント「みんなの文字」の開発や、発達に特性のある子どもとその保護者の意識のギャップを可視化したカード「GAP MIKKE」など、さまざまな事例が生まれています。

FemTech and BEYOND.

女性だけではなく、誰もが生きやすい世界に

フェムテックのさらなる社会普及・浸透のためには、実際の当事者が抱える課題を捉えること。妊活、更年期障害、生理といったことだけでなく、まだ知られていない課題もあります。加えて、その課題をみんなが共感できる形で世に出していくこと。これらを、dentsuと顧客企業、メディアなどパートナーの力を結集して解決していきます。

これまでの事例は、子宮内の細菌叢の状態を調べる子宮内フローラチェックキットのコンセプト開発やデザイン。小学生向け新聞での性教育プロジェクト。女性の鉄分不足解消を目指した鉄プロダクトの開発など。女性が実力を発揮しやすい環境が実現すれば、より公平な目で良質なプロダクトやサービスが社会に提供されていくと考えています。

dentsu Japanでは「B2B2S（Business to Business to Society）」という経営方針が掲げられています。かつてないアイデアを生み出し、顧客の事業を通して社会を変革する。DEIは、まさに経営方針と直結しています。従業員自らの意思で立ち上げたビジネスソリューションを紹介します。

VISIONGRAM

障害者と健常者の間をつなぐ

ソリューション

VISIONGRAMは視覚障害がある人の、一人ひとり異なる「見え方」を可視化するツールです。視力や視野の検査データを統合して、見え方を再現したビジュアルフィルターを生成。見え方を共有することで、障害がある人と健常者がもっとわかりあえる社会を目指します。

VISIONGRAMは、医療や教育の領域で可能性が広がっています。医師が使えば、患者や患者の家族に、わかりやすく見え方を伝えることができます。盲学校の先生が使えば、生徒の見えている世界が個別にわかることで、より質の高い教育につながります。またスポーツ領域でも、視覚障害があるスポーツ選手の強化や、パラスポーツの観戦体験向上に活用することができます。

Voice Watch

視覚障害がある人が

スポーツ観戦を楽しむきっかけに

視覚障害を持つ方は、スポーツ観戦に出かけても状況がわからず、一緒に見えている人にも聞きづらい。だから現地観戦に行くのは気が引ける。そんな声をきっかけに開発されたのが、Voice Watch。AIが、リアルタイムでスポーツを実況してくれるシステムです。モータースポーツでは、ラップ数や順位だけではなく、過去のレースや選手の情報なども踏まえて、多言語で実況してくれます。

また、子どもの運動会も実況。視覚障害がある人が運動会に行っても、同じように子どもを応援している他の親に、自分の子どものことを聞きづらい。Voice Watchがあれば、視覚障害のある親も実況を聴き応援することができます。スポーツ観戦の情報格差がなくなり、スポーツをみんなが一緒に楽しめる社会を目指しています。

せたがや農福ファーム・せたそら

農業で地域のインクルージョンを推進

せたそらは、東京都世田谷区から受託している事業で、障害がある方たちが自分らしく、地域の方々と交流しながら暮らすことができるための取り組みです。dentsu Japan各社が障害のある方たちを雇用して農園を運営し、野菜を育てて売る。また、地域の福祉施設に通う障害の重い方たちにも農作業体験会を実施したり、農園で採れた野菜の加工や農園の管理を地域の福祉施設に依頼したりするなど、

障害のある方の生活向上を目的とする側面もあります。

地域との交流が生まれることで、多くの人が障害に関心を持つようになりました。また、就労を諦めていた人たちが自信を持って働けるようになり、家族や支援者から変化を喜ぶ声も聞こえています。

IncluFES

障害がある子どもと、親の希望をつくる

特別支援学校の生徒たちの多くは、体力がない、あるいは身体が動かしづらいといった理由から、生活のほとんどを自宅と学校だけで過ごしています。彼ら彼女らが楽しみにできるようなイベントを開催したい。その活躍する姿を保護者の方に見てもらいたい。IncluFESは、そんな想いから立ち上がりました。2023年より年1回で開催しています。

都内の特別支援学校の生徒たちがハンドサッカー（東京都の肢体不自由特別支援学校で生まれた競技）をプレー。それぞれ精一杯にプレーしてゴールを決めたときなどは、会場全体から大きな歓声が上がります。ほかにもデジタルテクノロジーを使ったサイバーボッチャの体験や、パラアスリートのトークなどを展開。将来的には、障害のある子みなに知られ、そうでない子たちにも親しまれるような、多くの子どもたちが遊びに来るイベントとなることを目指しています。

世界ゆるスポーツ協会

みんながヒーローになれるスポーツをつくる

従業員のアイデアがきっかけとなり発足した一般社団法人世界ゆるスポーツ協会は、性別、年齢、障害の有無、運動神経などに関係なく全員が楽しめるスポーツをつくっています。これまでに120以上のスポーツが生まれ、25万人以上が体験しています。「この人にヒーローになってほしい」と決めて、その人が世界チャンピオンになれるようなスポーツを考えます。

指の代わりに「トントン」と声を出して力士を動かす「トントンボイス相撲」は、高齢者の喉のリハビリから生まれました。500歩歩くと退場になってしまう「500歩サッカー」は、心臓が弱くて長く走れない子どもをヒーローにするためのスポーツです。オーダーメイドのスポーツは、まだまだ増えていきます。

ＬＧＢＴＱ＋調査

当事者と非当事者のすれ違いをなくしたい

LGBTQ+に対する理解を促進しようと、まずは当事者の割合を知ってもらうために調査を始めました。調査結果はおもにメディア、次いで自治体や研究機関で活用され、さらに顧客の商品・サービス開発、中学校から大学での探求学習で用いられることもあります。

これまでに5回調査を実施していますが、LGBTQ+の認知率は伸びているものの、当事者の不安や生きづらさに関する項目の数値はほとんど変わっていませんでした。また、当事者と非当事者それぞれに歩み寄りたい気持ちもある一方で、お互いに遠慮と配慮をし合っていることも分かってきました。そのすれ違いがなくなるきっかけをつくるチャレンジとなりました。

「仲間のサポート」から始まった活動

「すべてのがんサバイバーに笑顔を」をミッションに活動をしています。がん罹患経験者の方をゲストに、メイクとヘアスタイリングをして、フォトグラファーが撮影。写真に「自分が大事にしていること」を添えて、世界に一枚だけのポスターができあがります。

また、参加者にインタビューを行い、3分程度の動画を作成。これまでに計30回、7つの国・地域で展開しています。参加者の方からは、「前向きになれた」「自分の笑顔が輝いていた」といったコメントをいただいています。活動のきっかけは、ひとりの従業員のがん罹患でした。部員みんなのサポートから始まり、より社会的な活動にしようという思いで広がっていきました。

活動のきっかけとなった
電通・故 御園生泰明さん

これまでもこれからも、ボトムアップDEI

DEIに限らず、dentsuはとてもボトムアップな社風です。「自分はこれをやりたい」「こうしたいんだ」という、パッションがどんどん開花する集団です。そこには、自由だけでなく責任も伴います。その時、その場面に自分がふさわしければ、責任をもってリードしていく。リーダーという肩書きが付いたからリーダーになるわけではありません。そんな先輩の姿を見て、「自分もあんな風にやってみたい」、あるいは「先輩とは違うけれど、私はこう動いていく」と考える文化が根づいているんだと思います。

dentsu Japan
チーフ・ブランディング／
カルチャー・オフィサー

吉羽 優子さん

どんなことも、従業員一人ひとりの心が動かないと前には進みません。dentsu Japanでは、「これをやりたい」というアイデアや、「やってみよう」という実行力が一人ひとりに備わっているので、みんなが自発的に考えて形にしてしまう。そんなことが至るところで起きています。これは本当にdentsuの強みだと思います。その強みを核にして、自分たちで自分たちの課題やアイデアを考えて、周囲を巻き込みながら動かしていく。そんなdentsuらしいボトムアップDEIをこれからも推進していきます。

dentsu Japan
チーフ・ダイバーシティ・
オフィサー兼ヘッド・オブ・
サステナビリティ

口羽 敦子さん

野村ホールディングス株式会社

100年間受け継がれる「挑戦」のDNA

社員一人ひとりが自分らしく活躍できる環境が組織を強くする

野村ホールディングスってこんな会社!

　野村グループは、グローバル金融サービス・グループとして世界約30の国や地域にネットワークを有しています。ウェルス・マネジメント、インベストメント・マネジメント、ホールセールという3つの部門が横断的に連携して、国内外のお客様に付加価値の高い商品・サービスを提供しています。

　2025年12月に創立100周年を迎えます。その節目に「金融資本市場の力で、世界と共に挑戦し、豊かな社会を実現する」というパーパスを策定しました。2万7千人以上が働く野村グループでは、そのパーパスを実践する源泉ともなる、誰もが自分らしく成長し、ポテンシャルを最大限に発揮できる環境を提供することに尽力しています。

「金融資本市場の力で、世界と共に挑戦し、豊かな社会を実現する」ために

代表執行役社長
グループCEO

奥田 健太郎さん

これまでの100年とこれからの100年

　1925年に、わずか84名で設立され、その1年半後にニューヨークにオフィスを開設するなど、常に「グローバル」を志向し、挑戦を続けてきました。現在では、30を超える国や地域で、90か国超の国籍を有する社員が働く企業へと成長しました。

　これまでの100年を振り返り、私たちは「挑戦」のDNAを受け継いでいると自負しています。この「挑戦」を大切にしながら、私たちの存在意義、「私たちは、なぜこの社会において必要とされるのか？」、「どんな役割を果たしていく意思があるのか？」という問いに対する答えを見つけ、実践していくことが、これからの100年につなげていくために不可欠です。

　2021年に開始した「Nomuraパーパス・ジャーニー」プロジェクトでは、約2年をかけ、日本だけでなく世界各国で働く1万人を超える役員・社員がその問いについて議論しました。パーパスを単に言語化するだけでなく、社員一人ひとりが自身のパーパスについて考え、部下や上司、仲間と議論することを重視しました。今後、金融業の幅が広がり、ビジネスが変化したとしても、会社のパーパスと個人のパーパスが交わる部分を見出すことで、皆が意義を感じながら働くことができると信じています。

個人が尊重され、自分らしく

　新たな挑戦を続けていくために必要な要素が、「多様性」です。野村グループでは、インクルージョンの取り組みや男性育児休業取得の支援など、働きやすい環境の整備に力を入れています。

　多様性のある職場とは、性別や年齢などの違いを受け入れるだけでなく、各人が身につけた考え方や専門性を活かせる環境であると考えています。実際、新卒採用が多い日本においても、年間採用のうち5割以上がキャリア採用となっており、出身に関係なく、公平（フェア）な評価と登用が行われています。このような多様性が組織を強くしてくれると確信しています。

　従来の終身雇用の概念が薄れつつある現在、社員自身が自律的にキャリアを形成することが求められています。私たちは、社員一人ひとりの挑戦を後押しし、キャリア形成を支援するための取り組みを強化しています。

　異なる価値観が受け入れられ、自分の居場所があることを実感し、一人ひとりが自分の強みを活かせる環境を整えることで、皆が共通の目標に向かって努力し、協力し合えると考えています。これからも、自分らしく、誇りを持って、ワクワク働ける環境づくりを進めていきます。

野村グループ　DEIステートメント

野村グループは、「金融資本市場の力で、世界と共に挑戦し、豊かな社会を実現する」というパーパスを掲げています。その実践においてダイバーシティ、エクイティ&インクルージョン（DEI）を不可欠な要素である重要経営戦略の1つと位置づけています。

野村グループにおけるDEIの定義

ダイバーシティ：国籍、人種、年齢、性別、性自認、性的指向、宗教、信条、社会的身分、障がいの有無、価値観、経験など、多様な人材や視点が存在する状態。

エクイティ：すべての人が目標を達成できる環境をつくるために、個人の状況やニーズに応じて、リソースや機会を提供すること。

インクルージョン：多様な視点や考え方を受容し、互いに尊敬し合い、各々のスキルを最大限に活用するために行動すること。

自分らしくあることが大切にされ、尊重されるとき、一人ひとりは野村に自身の居場所があると感じます。野村グループでは、誰もが自分らしく成長し、ポテンシャルを最大限に発揮できる環境を提供することに尽力しています。これは野村グループがパーパスを実践するための源泉ともなるのです。

グループ人事部長が語る

「多様なメンバーが自分らしく活躍できる野村へ」

なぜDEIに取り組むのか？

野村は、新たな付加価値に挑み続けるプロフェッショナル集団です。世の中の変化が激しい中、私たち自身がそれを上回るスピードで対応できるよう、感度を高めなければ、新しいものを生み出すことはできません。

何より、私たちは多くのお客様から頼っていただいています。そのご期待に応える責務があります。それを実現するために必要となるのは、さまざまなバックグラウンドを持った野村で働く一人ひとりが自分らしく活躍できる職場環境です。そうした想いを、DEIステートメントの結びの言葉に込めています。

野村での働きがいとは？

社員個々人の人事評価項目として、新たなチャレンジに取り組むことが求められています。それほど「挑戦」を大事にする会社です。そして後押しするプログラムが多数あります。自分のキャリアを中長期で考え、いまの部署でやりたい仕事、自分の強みを生かすための部署異動、あるいは家庭の事情に合わせた勤務地の希望も、「キャリアデザインシート（CDS）」に記入します。CDSを用いてマネージャーが1on1を実施し、一緒にその実現に取り組みます。

また、ノムラ・キャリア、略して「ノムキャリ」と称した社内公募制度があります。多種多様な募集ポジションが提示され、社員は現在の所属部署への相談や了解を得ることなく挑戦できます。自律的なキャリア形成の機会として、多くの社員が部門の垣根を越えた異動を実現しています。

業界最大手だからこそ、チャレンジできる仕事がある。それを支える制度もある。お客様の高い期待に応えるために頑張った結果として、成長がある。これが、野村で働くことのやりがいです。

野村ホールディングス株式会社
グループ人事部長
上嶋さん

7つのイメージ

本当に変わったの？思い切って聞いてみた！

イメージ❶

新卒社員が多い⁈

ここ数年、国内の新卒：キャリア採用の比率は、ほぼ50：50。時代の変化に対応するため他社で経験を積んだ専門性の高い人材が活躍しています。

イメージ❷

忙し過ぎてオフがない⁈

専門性を磨くためには自己研鑽を当然期待しますが、働く時間が特別長いというわけではありません。平均的な残業時間は月に約15時間。休暇も取りやすくメリハリがあります。

イメージ❸

全国の拠点へ転勤が多い⁈

さまざまな場所で新たな経験を積むことも重要ですが、勤務地に関する希望を必ず確認しています。エリア限定でのキャリア形成も可能です。

イメージ❹

キャリアは会社に委ねる⁈

新卒採用は「ウェルス・マネジメント」「インベストメント・バンキング」「グローバル・マーケッツ」など計8コースで実施。応募段階で自身がキャリアを選びます。入社後、そのコースで長く働き専門性を磨くことも、社内公募を利用した新たな挑戦も可能です。

イメージ❺

競争が厳しい⁈

私たちの目的は社内での競争に勝つことではなく、お客様の期待に応えることです。その実力をつけるためのサポートも豊富ですし、フォロー体制も整っています。

イメージ❻

女性には出世が難しい⁈

男性が多いイメージかもしれませんが、社員の約4割は女性。部店長や役員に登用され活躍しています。性別関係なく共働き共育てを支援するための制度を整備し、「Nextなでしこ 共働き共育て支援企業2024」にも選定されました。女性特有の健康課題やライフイベントとも両立できるようさまざまな施策を導入。野村證券の目標とする女性部店長比率10％は前倒しで達成し、女性管理職比率も20％達成の見込みですが、あくまで通過点。意思決定層の多様性が一層高まるよう取り組んでいます。

イメージ❼

一匹狼が活躍⁈

常に持ち続けなくてはならない価値観として「挑戦」「協働」「誠実」を掲げており、これが活躍できる人の条件です。お客様の期待に応えるために、チャレンジ精神が必要ですが、どれだけ優秀でも協働なしに結果は出ないし、誠実でなければ、お客様の信頼を得ることはできません。ここに共感できる人を求めています。

経営戦略としてのDEI
実行部隊としての思いとは

DEI推進のために、社員一人ひとりの課題に耳を傾け、解決策を熟考し、パッションをもって関係者を巻き込み、会社全体の動きと連動していきます。

全社員がDEIを「ジブンゴト化」できる仕組み

野村のDEIが目指しているのは、「Sense of Belonging」です。日本語だと少し長い説明となってしまうのですが、互いに尊敬し合い、受容し合いながら、ここに自分の居場所があると感じられるインクルーシブな職場環境を目指しています。

体制については、経営戦略としての「トップダウン」の推進と社員が自発的に行動する「ボトムアップ」の両輪で進めています。トップダウンとしては、奥田グループCEOをはじめ、トップマネジメントがコミットメントを明確に示し、自身の考えや当社での取り組みを社内外に発信することで、DEIを推し進めています。そして、当室が事務局として運営する「DEI推進ワーキング・グループ」では、執行役員や各領域のヘッドなどのマネジメントが、全社のDEI課題を話し合う場を複数設定し、具体的な施策の検討、実行を進めています。

ボトムアップの主軸は、「DEI社員ネットワーク」の活動です。社員がボランティアで参加するもので、休み時間や業務後に活動しています。各社員ネットワークにはそれぞれ2人ずつの役員がスポンサーとして参加し、その活動を支援しています。

多様性を活かした職場環境をつくるためには、さまざまな課題を誰もが「ジブンゴト」として捉えることが必要です。野村證券を皮切りに、2024年度からは、全世界・全役職員の人事評価にDEIの取り組みが組み込まれました。例えば、「DEIイベントに参加する」といったアクションや、「チームのDEI課題を話し合う」といった、すぐに取り組めることも評価の対象です。加えて、マネージャーには、自身の業務の棚卸や多様性を活かした組織づくり、女性社員の能力伸長の支援や、男性育休取得推進に取り組むことを求めています。

誰もが何かしらのマイノリティ自分らしくいられる職場をつくりたい

日本でDEIについて語られる時、これまではトレンドとも言える話題がありました。しかしそれが「これは女性のこと」「LGBTQ+の方の話」といったラベルになり、逆に人を区別する考え方になってしまうのかもしれません。私たちは、カテゴリーのない世界をつくりたいと思っています。

自身では気づきにくいかもしれませんが、誰もが何かしらのマイノリティ性を持っています。マイノリティ性があるために自分らしくいることを躊躇すると、その方は結果的にご自身のパフォーマンスをフルに発

ダイバーシティに関する認定実績も豊富。「PRIDE指標」は最高位のゴールドを9年連続、レインボーも4年連続で受賞。

DEI推進室

> 究極の目標は当室のような、DEIの専門組織がなくなること。誰かが旗を振らなくても、互いの事情を当たり前に受容し支え合う風土づくりを目指しています。
>
> 室長 中西さん

> 多様性を理解することは難しく、インクルージョンはさらに難しい。だからこそ、希望を持って働ける組織や社会の実現に少しでも貢献していきたいと思います。
>
> 梅沢さん

> 仕事に価値を感じることができないと、「他人からの評価がすべて」といった価値観になってしまいます。やりたいことをやれる会社にしていきたいと思います。
>
> 和久さん

> 自分だけが「おかしい」と思うのか、同様に感じる人もいるのか気になるもの。個々の意見に耳を傾け、誰しもが働きやすい職場とは、を考え続けています。
>
> 中野さん

> 誰もが不必要に遠慮せず、無理せず、自分らしく。「ここにいていいんだ」「ここにいてよかった」と思える職場にするために、熱い気持ちで取り組んでいます。
>
> 岩崎さん

揮することが難しくなります。野村が掲げるグループパーパスは、一人ひとりが潜在能力を最大限発揮しなければ、実践できません。だから、DEIが経営戦略として位置づけられているのです。

野村では、それぞれが抱える課題を認識し、個々のニーズに合った施策を打ち、全員でしっかりと成果を上げていくことを支援しています。お互いの事情を理解できるよう、育休取得者の体験談や、介護と仕事の両立のヒント、困難を克服して築いたキャリアヒストリーなど、さまざまな立場の社員のことを発信をしてきました。施策の充実も図ってきましたが、届く声も変化しています。それらに応えながら、人事の一員としてより良い職場環境づくりにこれからも取り組んでいきます。

助け合う、支え合う、みんなが無理をしない組織へ

未来のことにも触れておきたいと思います。いまは、誰かの困りごとをどう解決しようかという議論が中心です。その負担が周囲にかかると、それは持続的ではありません。フレキシビリティの追求や誰もが自分らしくある職場づくりのジャーニーには終わりがありませんが、対話をしながら全員参画で取り組む組織にしていきます。

ボトムアップ！
DEI社員ネットワーク

野村グループには、相互に価値観を尊重し、活躍できる社内風土を醸成するため、社員が業務時間外に自主的に運営する3つの社員ネットワークがあります。現在、各ネットワークには20名前後の社員が在籍しており、社内外から講師を招いた講演会、展示などの啓発イベント、外部協賛など、さまざまなイベントをネットワークメンバーが自発的に企画・運営しています。通常の業務とは異なり、完全に自主的な活動にメンバーは熱い思いで取り組んでいます。参加メンバーたちは、どんな動機や目的があり、そして、活動を通してどんなことを感じているのでしょうか。

ここでは、各ネットワークの主な活動内容と、リーダーの思いを紹介します。続いて、各ネットワークのメンバーのリアルな声をお届けします。

ウーマン・イン・ノムラ（WIN）
女性のキャリア推進を考える

女性活躍の場が広がることは、会社、お客様、ひいては社会に新しい価値をもたらすため、「変化を創る」ことを目的としています。女性役員や起業家、専門家を招いた講演会、女性特有の病気に関する周知活動、社内の女性ロールモデルの話を聞く「Career Pathway」などを通して、女性がさらに活躍するために情報を共有しています。

リーダーコメント

WINでは、「女性の活躍が新しい価値を創出する」を掲げ、部門や会社を超えたネットワーキングや講演会を開催しています。全世界に約2万7千人、国籍も約90か国からなる野村において、「女性活躍」への考え方はさまざまです。女性のキャリアについて皆で共に考え、行動することで変化をつくり、社内外での影響力を広げることを目指しています。

野村バブコック
アンドブラウン
海野さん

野村證券
投資情報部
田口さん

ライフ&ファミリー（L&F）
健康や育児、介護に関わるワークライフ・マネジメント

「ライフの充実はワークの成果につながる」をコンセプトに、すべての社員が最大限力を発揮できる職場環境の醸成に貢献しています。NPO団体などへ寄付金が贈られるチャリティランへの参加、遠隔介護や認知症についてのセミナー、育児や子どもの防犯に関するセミナー、マインドフルネスや食事のとり方をはじめとした健康に関するセミナーなどの機会を提供しています。

リーダーコメント

L&Fでは、DEI推進への想いを持つ多様なメンバーが、業務上のつながりではなくフラットな関係性の下、お互いの興味や強みを活かし、より良いものをつくり上げるための挑戦を続けています。講演会やイベントの企画・運営を通じて、明るく楽しく真剣に取り組むメンバーと共に活動すること自体が、私たちのライフの充実にもつながっています！

野村證券グローバル・オペレーション統括部
片渕さん

グループ法務部兼野村證券取引法務部
笠井さん

アライズ・イン・ノムラ（ALLIES）
多文化、障がい者、LGBTQ＋などの理解促進と環境醸成を推進

互いの違いを理解し、誰もが強みを発揮できる環境づくりに貢献しています。LGBTQ+当事者や障がいを持つ方のパーソナルストーリーをお話いただいたり、多様な文化やDEIへの理解を促進するセミナーを開催したりしています。「アライになろう！」（Ally：「同盟、支援者」）をスローガンにした社内啓発活動や、東京レインボープライドへの協賛などを通じたコミュニティ支援なども行っています。

リーダーコメント

LGBTQ+の当事者であるか、障がいの有無、国籍など、外見だけでわからないことはたくさんあります。ALLIESの活動は「気づいていないことに気づく」の連続。当事者やアライが集うチームは多様性に富み、とてもカラフルです。多角的な視点と経験、そして情熱から創造されるチームワークで、社内外にアライの輪を広げる活動に取り組んでいます。

野村證券外国為替部
青木さん

グループ法務部
山本さん

社員ネットワークメンバーへインタビュー

なぜ参加したのか？　どんな楽しさがあるのか？

WIN

大変だけど、楽しくて、成長できる

　野村への入社が決まった時から、業務以外の活動もしたいと思っていました。当時6歳の娘がいたこともあって、女性として、母として、女性社員のために何かをしたいと考え、WINを選びました。私と違う考え方やアイデアを持つメンバーとの交流を通して、すごく成長していると感じます。限られた時間の中での活動なので、正直、大変だと感じる時もあります。だけど、メンバーと会話しているうちに自然と楽しくなります。イベントでは毎回「これでいいのか」と悩みながら企画するけれど、終わってからのアンケートにはポジティブな反応がたくさんあります。その言葉を見ると、人の役に立っているのだなと実感し、嬉しくなります。

　WINに限らず、野村では周りの人に支えてもらえるし、意見をしっかり受け止めていただけます。誰でも個人を尊重してもらえるところが、大きな魅力だと思います。

グループ
広報部　**ディヨン**さん

L&F

人生のステップに合わせて働ける環境を

経営企画部　**竹村**さん

　半年間の育児休業をいただいたことがきっかけです。必死で頑張っているうちに時間は過ぎましたが、終わってみると、人生で初めてマイノリティの当事者になっていたのだと感じました。そんな体験から、自分にも何かできることはないかなと考えている時に知ったのが、L&Fです。メンバーは皆、思いがある人たちばかり。一緒に活動できるのは非常に素敵な体験で、長く参加していきたいと思っています。

　私はキャリア採用で入社したのですが、入った時から想像以上に多様性のある会社だと感じました。ネットワークの活動がボランティアであることも含めて、とても豊かな環境だと思います。最初は仕事を中心とした働き方も、ある程度は必要かもしれません。同時に、会社を選ぶ際には、ライフスタイルに合わせて一時的にスローダウンをしても働けるか、豊かな環境か、という目線もあっていいのだと思います。

「見えないマイノリティ」がいることを前提に

ミドル
オフィス部　**ライアン**さん

僕はアメリカ人で、ゲイでもあります。周りと異なる部分をずっと自分の弱みだと思っていました。野村に入社してからも、自分のキャリアや周囲との関係性に影響するのが不安で、カミングアウトできずにいました。でもALLIESに入って、自分が一人ではないと気づきました。上司に打ち明けたときには「言ってくれてありがとう、これまでと何も変わらないよ」と言ってもらえて、本当に嬉しくて、泣いてしまいました。

やっぱり、自分らしく働く自分が好きだし、ハッピーです。でも、それができない人もいます。私たちが考えるべきなのは「見えないマイノリティ」が存在するということ。LGBTQ+は外見ではわからないし、見た目では国籍がわからない人もいます。見えない障がいを抱えている人もいます。だからこそマイノリティがいる前提で行動しないといけないんです。

私は学生時代からさまざまな国籍の方と出会う経験がありました。社会人になってからもお互いの違いを認め合いながら活動したいと思って、ALLIESに入りました。また、金沢で働いていることも理由の1つです。本社に比べて、どうしても地方支店ではDEIの取り組みに参加する人が少なくなりがちです。東京と地方の架け橋のような存在になりたい、と考え参加を決めました。

すべての人たちを平等、フラットにすることは、無理なのかもしれません。でも、だからといって「何も知らない」というのは良くない。地方にもマイノリティの方はいます。東京ほどではなくても、できることはたくさんあります。例えば支店でイベントを開催して、参加を促すなど。そうして意識を少しずつ上げていくことも、DEIにつながると思っています。

当日はオンラインで参加

野村證券
金沢支店　**黒橋**さん

対談を終えて・・・

ディヨン：皆さんのお話を聞いて、共感ばかりでした。「皆が同じではないから、この人にはこんな手助けが必要」ということが大事ですよね。
ライアン：誰もが自分らしく働ける環境を、皆が願っているんですよね。皆が誰かのアライになれば、会社も社会も、もっと良くなるはずです。
黒橋：ライアンさんの言葉にあった、自分らしく

ハッピーに働くことはすごく大事だと思います。私も、自分の話を聞いてもらえる環境がハッピーです。
竹村：お互いに気遣いをして敬意を払って、完璧ではないけれどやれることをやっていく。どのネットワークも、目指すところは同じなんですね。

意思決定層の多様性を高める
対話の機会

ジェンダーギャップのない活躍を支援するための
研修や制度だけでなく、社員の声を聞き、意見を交換する機会を
設けています。そのいくつかをレポートします。

DEI Executive Live

本音で語るキャリア

執行役員で野村證券副社長の鳥海さんがファシリテーターを務め、役員の考えや人となりを知る機会として「DEI Executive Live」がシリーズ開催されています。グループCEOの奥田さんをゲストに招いた第5回に続き、2024年10月の第6回は野村グループの女性役員5人によるトークセッションを実施。会場とオンラインのハイブリッド形式で実施し、会場はぎっしり、オンラインからも約200人が参加、録画は全社員に公開されました。

女性役員のキャリアにおける転換点やオンとオフの切り替えなど、話題は多岐に渡りました。参加者からの質問に本音ベースで答え、キャリアビジョンを描くことを後押しするために、自らがフロントランナーとなることへの思いなどが発信されました。

奥田GCEOとのランチ会

経営戦略に多様な視点を

2024年11月に、グループCEOの奥田さんと国内グループ会社で組織を率いる8名の女性リーダーのランチ会が開催されました。

笑い溢れる和気あいあいとした雰囲気の中で、経営戦略や次のリーダーへの期待、役割が拡大する中での視点の転換、組織運営の肝、人事評価の在り方、さらには仕事と介護の両立まで、幅広いトピックに闊達な意見交換が行われました。

TOPIC

女性役員の数も大幅にアップ！

2020年時点で、野村グループにおける社外取締役を除く女性の役員はわずか4名でした。しかし、2024年度には新たに3名が加わり、グループ全体で13名となっています。ちなみに、2024年度に新しく役員に就いた18名のうち、5名は野村グループ以外でキャリアをスタートしています。

野村で働く夫婦が一緒に育休を取得

育児と仕事の両立によって気づいたこと

同期入社の魁さんと桃香さん。
2人目のお子さんが生まれ、ご夫婦ともに育休を取得されました。
「3人目の時も取得する」と語るお2人に、
育休を通して感じたことを聞きました。

育児休業はマイナスにならない

桃香 もともと出産や育児があっても働き続けることを前提に考えて、就活で育休を取りやすい会社を選んでいたんです。妊娠中は在宅と出社を柔軟に替えさせていただき、産後はフレックス制度も使用し働き方に適したプロジェクトへ参加できました。「休業中は仕事を気にせずに、育児に専念して」と言ってもらえたのもありがたかったです。

魁 育児休業を取ると、昇進が遅れるんじゃないか、復帰後に自分のポストが残っているのかと不安を覚える人が多いと思います。私の場合、休業中は会社に直接的には貢献できていませんでしたが、休業を取得した年の翌春に、それまでの実績をもとに、職位を上げていただきました。育休が昇進に響くわけではないということを、周囲にも伝えていかなければいけないと思っています。

育児と仕事、どっちも頑張れる

桃香 いまはフルタイムで働いていますが、子どものイベントや体調不良で、結果的に仕事の時間が短くなってしまうことはあります。事情のある場合

にはお互いにサポートし合っていこうというチームの雰囲気が非常にありがたく、仕事へのモチベーションにつながっています。

魁 私の部署には育児にコミットしている父親が多くいます。上席も子育て中で「家族優先で大丈夫だよ」と言っていただいています。私の後にも育休を取得した男性社員がいますし、育児との両立のために働き方を工夫している方も多く、バランスを取りながら働きやすい環境です。

桃香 そうだね、両立できる環境がありがたいです。家で子どもと向き合う時間も、社会に出て活躍し評価されることも、私にはどちらも大切です。

子どもに誇れる自分でありたい

魁 育休中はずっと子どもの相手をしていて、妻との会話も子どもの話が中心でした。復帰して、仕事自体は以前と同じでしたが、とても新鮮に感じました。大人の世界で頑張れる環境も求めていたんですね。

桃香 育児をして思うのは、「仕事も頑張ろう」ということ。子どもたちは保育園に通っていて、「ママはお昼に何しているの?」と聞かれます。「あなたが頑張っている間、私も頑張っているよ」と話せるようになれるといいなと。

魁 それはある。月並みですが、子どもに誇れる自分でありたいと改めて思います。

清水建設株式会社

ハードに働くイメージがある建設業界。そのイメージを覆している

清水建設のDE&Iに関する取り組みを紹介します

清水建設株式会社ってこんな会社!

　清水建設は、1804年創業の歴史を持つ総合建設会社（スーパーゼネコン）です。国内外で幅広い事業を展開し、建築・土木工事の請負、不動産開発、エンジニアリング事業など、多岐にわたる分野で社会インフラの発展に貢献しています。「子どもたちに誇れるしごとを。」をコーポレートメッセージに掲げ、最適品質の提供と安全衛生への取り組みを重視。革新と伝統を両立させた事業運営を行っています。また、最新技術を活用したDX推進や環境配慮型プロジェクトに積極的に取り組み、持続可能な社会の実現を目指しています。多様な人財が能力を発揮できる企業文化を育み、パートナーとの共創を通じて時代を先取りする価値を創造する、スマートイノベーションカンパニーです。

誰もが「戦力」として活躍できる会社にしたい。清水建設が目指すDE&Iとは?

DE&I推進部長
西岡 真帆さん

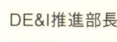

男性中心の文化を変えたい

当社は2009年にダイバーシティ推進室を立ち上げ、女性活躍や外国籍、障がい者雇用などに取り組んできました。しかし、私が室長に就任した2015年は、女性活躍が未だに進んでおらず、男性中心の文化が根強くありました。私は、女性だという理由で戦力として認められない「くやしさ」をずっと感じてきました。女性が現場の所長を目指せば、笑われるのが当たり前でした。同時に、「女性だから」「小さな子どもがいるから」と、特別扱いされることにも違和感がありました。室長を引き受けたのは、後輩たちに同じ思いをさせたくない、という思いからです。

DE&I推進部の取り組み

まずはリーダー研修などを通じて、マネージャー層の意識改革に取り組みました。人員配置を決める上司の意識が変わらなければ、男性中心の体制は改善されません。活動を広めるため、情報発信にも力を入れました。社内はもちろん、社外にも発信し

ていると、お客様に「清水建設さん、ダイバーシティ推進しているんですね」と言われ、社員が慌てて勉強する場面も。社内外への発信が相乗効果を生み出しています。

2022年からは、女性管理職登用の増加を目指す取り組み「シン・ダイバーシティ」を始めました。経営トップと全国の支店を回り、社内のジェンダーギャップ解消を目指しています。今では、結婚や育児で退職する女性はいなくなり、男性の育休取得も進んでいます。DE&I推進は、お互いをリスペクトし合う環境づくり。これからも推進を続けます。

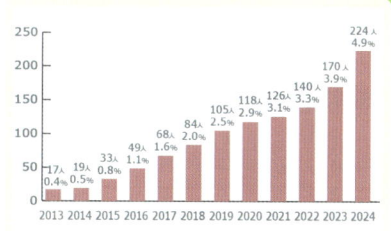

● 女性管理職数の推移

2013年には17人だった女性管理職。継続的な活動のおかげで、今では224人にまで増えました。

育児とフルタイム勤務を両立できています！

土木東京支店
外環大泉建設所
後藤さん

私はものづくりの最前線で働くことに魅力を感じ、2018年に新卒で入社しました。妊娠が分かった時も現場配属で、当初は安全帯の着用などに不安を感じましたが、上司に報告したところ、すぐに内業担当に変更してもらえました。そのおかげで、産前休暇をいただく直前まで通常通りの勤務を続けることができました。育児休職からの復帰後も、こちらの申し出に基づいて柔軟に配属先を調整してもらえます。夫婦で育児の分担をしやすくなり、1歳になる息子の育児とフルタイム勤務を両立できています。

また、子どもが体調不良の時には、子の看護休暇（10日/年、半日単位・時間単位でも取得可能）を使って休暇や早退をすることができ、とても助かっています。職場に復帰した当初は、仕事と育児の両立に不安もありましたが、周囲の理解と充実した社内制度によって、良い環境で仕事ができていると感じます。女性活躍を支える制度が、形だけではなく、実際の現場レベルで運用されているのは女性活躍を推進している当社の特長だと思います。

上司にも

磯部さん

後藤さんはこんな人

後藤さんは素直で明るく、周囲からの信頼も厚い、意欲的な社員です。育休から復帰した際には、同僚だけでなく、協力会社の方々からも「おかえり！」と声をかけられていたのが印象に残っています。能力が高いだけでなく、良好なコミュニケーションをとり、心の通ったものづくりをしていたのだろうと感心しました。

建築業界でも女性が活躍しているって本当ですか？

ホントです！

残業削減が進み、先輩にも相談しやすいです！

東京支店
豊海地区
再開発建設所
武末さん

私は、大学で超高層建築物のデザインを学び、内部構造や実際の建設を通して知識を深めたいと考えて当社に入社しました。今年で3年目になります。

今の現場に配属された当初は、従業員も少なく、残業時間の削減に苦労していましたが、現在は工事長主体でチーム内での業務内容の共有や平準化が行われており、働きやすくなりました。また、現場社員90名（派遣社員含む）のうち30名が女性で、悩みや問題点を相談しやすい環境も働きやすさにつながっています。

私はまだ、産休や育休の制度を利用するタイミングにはなっていませんが、同じ現場にはそういった制度を利用して時短勤務を行っている先輩社員もいます。制度を利用する社員が増えることで、現場の人財不足が懸念されましたが、昨年から人事部が積極的に人員補強を行っていて、不安は払拭されました。

研修体制や組織体制も充実していて、とても楽しく働けています。これから入社される方にとって良い環境を作れるよう、私も頑張っていきたいと思います。

インタビュー

中村さん

武末さんはこんな人

武末さんを一言でいうと「明朗闊達」。明るくおおらかで、サッパリした方です。毎日のコンクリート打設を、計画から手配、品質管理までほぼ一人で仕切ります。

その粘り強さとたくましさから、職員や作業員からの信頼も厚いです。これからも当社の社員らしく、生きがいを持って働いてほしいと思います。

日本の建築業界でも外国人が活躍しているって本当ですか？

ホントです！

当社では、2024年4月1日時点で24ヵ国170名の外国籍従業員が在籍しており、多様な文化背景を尊重した取り組みを進めています。外国籍従業員向けには、礼拝室の設置や社員食堂でのメニュー表示改善、多言語安全標識の作成、採用推進や外国人留学生セミナーなど、多岐にわたる取り組みを実施しています。

また、ネットワーク構築を目的とした交流会や、外国籍従業員と上司が参加するオフサイトミーティングを通じて、コミュニケーションの活性化や相互理解を図っています。礼拝室の設置は、ムスリム社員の増加を受け、従業員の要望に応える形で実現。多様な価値観を認め合う環境整備を通じ、全従業員が活躍できる職場を目指しています。

◎ 代表的な施作

- ・オフサイトミーティング
- ・礼拝室（プレイヤールーム設置）
- ・社員食堂のメニュー標記
  （「豚肉・酒・みりん」など使用の有無を明示）
- ・建設現場での「多言語安全標識」
- ・採用の推進
- ・外国人留学生セミナー
- ・社内事務連絡などの英語併記

非常にフラットで、相談しやすい環境です

土木技術本部
設計第二部

マメディーさん

海外案件の多さや「SHIMZ VISION 2030」での連結売上利益に占める海外の割合を25％に拡大させるという方針に魅力を感じて、入社しました。ドイツの土木コンサルタント会社で橋梁や開削トンネルの設計を経験したことを活かし、今は地下鉄駅舎や橋梁などグローバルインフラの設計業務を担当しています。所属は海外事業の拡大を支援する部署で、フラットな環境の中、外国籍社員の積極的な受け入れを推進しています。外国籍社員向けの日本語やビジネスマナー研修、社内コミュニティの充実により、業務以外の相談も可能です。パタニティ休業取得時には部長からキャリアや引継ぎについての丁寧な面談を受け、家族との時間を尊重してもらえる安心感がありました。

清水建設の DE&Iの調査！

建築業界でも
障がい者が活躍できるって
本当ですか？

ホント
です！

当社では、2024年4月1日時点で188名の障がいのある従業員が働いており、個別対応を重視した制度や取り組みを進めています。全従業員にeラーニングを実施し、障がいに関する理解促進を図るほか、相談窓口設置や特別休暇、在宅勤務など柔軟な勤務制度を提供。チャレンジフォーラムを2018年から毎年開催し、経営トップとの意見交換や改善提案を通じて職場環境の向上を図っています。2022年には要望を受け、障がいのある社員を対象とした現場見学会を実施。また、配属時の丁寧なマッチングや社員同士のつながりを支援し、発達障がいや聴覚障がい者の交流会も開催。社員の「できること」に注目し、全員が力を発揮できる環境づくりを目指しています。

代表的な施作

- e-ラーニングの実施
  障がいについて正しい理解促進をするため
- チャレンジフォーラム
  障がいのある従業員と交流するフォーラムの実施
- 一緒に働きながらそれぞれの障がいについて対応
  （お互いの意識醸成）
- 情報保証は個別に対応
- UDトークアプリ導入
- 相談窓口設置
- 火災総合訓練実施
- 定期通院は特別休暇を付与
- 新任役員のダイアログ・イン・ザ・ダーク体験

障がいに関係なく、働きやすい環境です

東京支店
日本橋一丁目中地区
再開発建設所

深野さん

　障がいの有無に関係なく働ける環境に魅力を感じ、入社を決意しました。入社後は、内勤部署と現場事務の研修を1年受けた後、2024年4月から東京・日本橋の大規模現場に配属されました。

現場事務として経理や工務をメインに人事など幅広い業務を担当しています。
　現場では筆談やメールでの情報共有がスムーズで、効率的に業務を遂行できています。また、社内イベント時には手話通訳やUDトークの利用が認められ、安心して参加できます。通常は文字情報をお願いすると雑談などしにくいですが、同僚が他の人と同じように話しかけてくれるので、とても嬉しいです。障がいへの配慮もあり、対等に接してもらえる職場で、働きやすさを実感しています。

「超建設」×DX

清水建設のDXとは？

　当社は、2030年に向け、建設業界のDXを牽引するリーディングカンパニーを目指しています。人とデジタルの力を最大限に発揮するため、「ものづくりのデジタル化」「デジタルな空間・サービスの提供」「事業深化と創出を支えるデジタル」の3つの柱でDX戦略を推進しています。

　具体的な取り組みには、社内外のデータを活用するプラットフォームの整備や、全従業員のデジタルスキル向上を図る教育プログラムの実施などがあります。また、AIやIoT技術の活用で、業務の効率化と柔軟な働き方を実現しています。

　また、多様なパートナーとの連携で、オープンイノベーションを推進し、新しいデジタルプロダクトの創出にも取り組んでいます。これにより、持続可能な社会の実現を目指し、デジタルゼネコンとして進化を続けています。

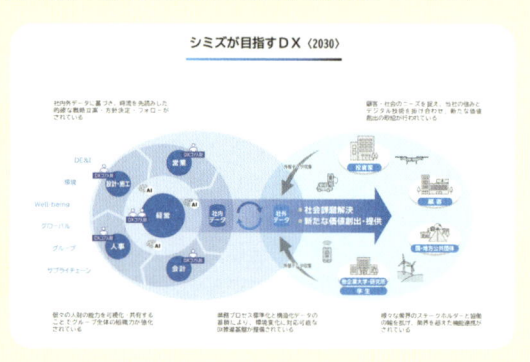

シミズが目指すDX（2030）

赤坂さんにインタビュー！

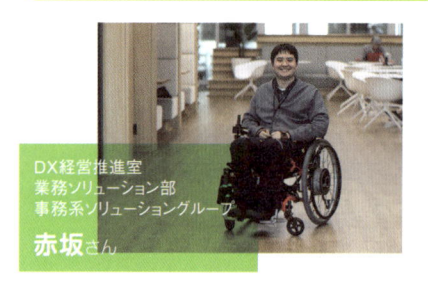

DX経営推進室
業務ソリューション部
事務系ソリューショングループ
赤坂さん

　2024年4月に清水建設へ入社し、DX経営推進室に所属しています。

　清水建設は、全社のデータを統合・活用する基盤を構築し、業務効率化や社会課題の解決を目指しています。ドローン撮影データの活用では、現場状況の可視化に加えて、AIを使った解析で防災シミュレーションやCO_2排出量削減を目指す取り組みが進められています。

　また障がい者を一括りにせず、一人ひとりに必要なサポートを確認してくれるので、とても働きやすいです。印象的だったのは夏場の現場見学。熱中症の懸念があり、事前に話し合いを重ねて、オンラインで参加させてもらいました。こうしたことも新しいテクノロジーを活かした課題解決だと感じました。

イノベーション／NOVARE

NOVAREとは？

　当社の「温故創新の森 NOVARE」は、イノベーション創出と人財育成を目的とした複合施設です。当社が従前から取り組んできた産学官連携による研究活動をはじめとしたさまざまな取り組みを統合して推進する拠点となっています。

　NOVAREは、核となる情報発信・交流施設「NOVARE Hub」、生産革新を担う研究施設「NOVARE Lab」、体験型研修施設「NOVARE Academy」、歴史資料展示施設「NOVARE Archives（清水建設歴史資料館）」と、当社二代目の清水喜助が手掛けた「旧渋沢邸」の5つの施設で構成されています。

　清水建設の220年以上にわたる「知・技・人」のDNAを継承しつつ、社会や外部との情報やエネルギーの循環を促進し、新たなシナジーの創出を目指しています。

笠原さんにインタビュー！

NOVARE
ベンチャービジネスユニット
CVCグループ
笠原さん

　NOVAREは、ものづくりの原点に立ち返り、国内外の知を結集して社会やお客様の本質的なニーズに応える実践の場です。

　大自然の中で「森」が生態系を形成するように、5つの施設が自律し、連携し合ってイノベーションを生み出しています。

　私はここで、スタートアップ企業への出資を通じて、清水建設とスタートアップが資本や人財で結びつき、共に成長できるエコシステムを構築する活動をしています。NOVAREは本物の緑に囲まれた空間で、天井が高いこともあり、一般的なオフィスよりもリラックスしながら仕事に取り組めています。固定席のない"ノーアドレス"で、好きな場所で働くことができるところも気に入っています。

人事の考え方、制度について

社員の声を反映した働きやすい環境へ

人事部
勤労グループ
佐々木さん

　従業員がさまざまなライフステージに対応しながら働ける環境づくりを進めています。育児休職は法定の2歳までに加え、会社がやむをえない事由があると認めた場合などに延長可能な制度を整備しています。男性育児休業は、「パタニティ休業」として、最大4週間取得可能。月例給与は満額支給されます。2023年度の男性の育休取得率は81％と非常に高く、男女を問わず育児と仕事の両立を会社として支援しています。

　また、子の看護休暇は2023年に制度改正を行い、対象年齢を小学校6年生まで拡大しました。当社ではお子さんの人数にかかわらず年間最大10日まで取得できます。同時に介護休暇も有給化しました。コアタイムありのフレックス勤務制度については、全内勤社員に対象を拡大し、育児や介護の事情がある外勤者も利用可能です。その他にも、外勤者向けのスライド勤務制度や業務上支障がない場合に利用できる在宅勤務制度もあります。さらに、年次有給休暇の積立制度や、育児・介護離職者向け再雇用制度も設け、長期的なキャリア形成も積極的にサポートしています。これらの施策は、社員の声を反映しながら改善を続けており、多様な働き方を支える清水建設の企業文化を象徴しているといえます。

実際に育休を取得した社員にインタビュー

土木技術本部
設計第二部
グローバル設計グループ
前田さん

　私は妻の帝王切開出産後、上の子どもの世話が必要だったため、育児休業を取得しました。周囲に育休経験者が多かったことも後押しとなりました。

　育休期間中は、同僚に業務分担を快く引き受けてもらい、大変助かりました。育児や家事ができるだけでなく、家族との時間が増え、子どもの心の安定にもつながったと思います。「パタニティ休業」は、有給で最大4週間取得可能で、対象者には上職との面談が用意されています。心理的・経済的に育休が取得しやすい環境を大変ありがたく感じました。1人目のときに比べ、近年は特に育休への理解が進んだと思います。

家族の日について

みんなで楽しむ特別な1日

　「家族の日」は、従業員の家族が会社の仕事や取り組みを知り、家族とのつながりを深めるイベントです。乳幼児連れでも安心して参加できるよう、授乳室やおむつ交換台も完備し、家族みんなで楽しめるプログラムを充実させています。

　メイン会場では、「伝統建築のものづくり塾」で鬼瓦作りを体験したり、競技用車いすに乗る体験ができるなど、ワクワクする内容が盛りだくさん。社員食堂では選べるランチが提供され、経営トップとの名刺交換体験も行われました。

　参加者からは「子どもが『明日も会社に行きたい！』と言うほど楽しかった！」と

いう声が多く寄せられ、経営陣も家族と交流するなど、笑顔あふれる一日となりました。このイベントは、社員と家族が会社をより身近に感じる機会となり、エンゲージメントの向上にもつながっています。

実際に参加した社員にインタビュー

　以前、運営側として参加した際に、従業員やご家族が楽しむ姿を見て、自分の家族にもぜひ体験してもらいたいと思い、招待しました。

　各部門が工夫を凝らし、参加者が楽しめるように配慮されています。イベントを通して、会社が力を入れている取り組みや、従業員を大切にしている姿勢が感じられ、改めて素敵な会社だと思いました。

　7歳の息子は清水建設が好きになったようで、街の施工現場やテレビCM

コーポレート企画室
人財戦略部
中島さん

を見て、「パパの会社だね」と嬉しそうに話してくれます。今後は、より会社への理解が進むように、現場に近いコンテンツがあるといいのではと考えています。

真面目で誠実な社員が多く、主体性を発揮できる場所

私はこれまで、障がい者向け移動支援技術の開発に携わり、最近では多様性を活かした組織づくりの研究も行っています。大学時代に建築のバリアフリーを学び、誰もが暮らしやすい街づくりを目指して入社しました。この会社では、多様な専門性を持つ同僚と仕事をする中で視野が広がり、多角的な問題解決ができるようになりました。開発した技術をお客様に満足して使っていただけた時に、仕事のやりがいを感じます。当社は真面目で誠実な社員が多く、主体性が求められる職場です。大きなものづくりを実現したい方は、ぜひ一緒に挑戦しましょう！

技術研究所
カーボンニュートラル
技術センター
ウエルビーインググループ

内藤 さん

自分の仕事が形として残り、世界の人々の生活に貢献できる

グローバル事業本部
経理部
経理第1グループ

イ さん

私はグローバル事業本部経理部で海外拠点・現場の経理業務を担当しています。大学時代からアジアのインフラ整備に興味を持ち、海外事業に携わりたいという思いで入社しました。最初は指示を頼りにしていましたが、今では自ら考え行動し、論理的な思考力が身についたと感じています。ODA工事を通じた途上国のインフラ整備では、自分の仕事が形として残り、世界の人々の生活向上に寄与できることを誇りに思います。建設業界とDE&Iはかけ離れたイメージがある方がいるかもしれませんが、実際にはダイバーシティ推進により働きやすい環境が整っています。

先輩社員に聞きました！

私は土木工事の現場事務を経て人事部に異動し、現在は性的マイノリティの方が働きやすい制度や環境整備を担当しています。制度設計を進める中で、担当者として意見を求められ、自分なりに根拠をもって発言できたときに成長を実感しました。自分が設計に携わった制度が施行され、利用されたときには、大きなやりがいを感じます。リクルーターの方々は、コロナ禍から入社後まで手厚くサポートしてくださり、現在も頼りにしています。当社は年次に関係なく意見が尊重され、挑戦の機会を得られる環境です。共に意見を出し合い、新しいものづくりに挑戦しましょう！

年次に関係なく、意見が言え挑戦できる環境です

人事部
人権啓発グループ
岡田さん

ハンディキャップを乗り越え、充実したキャリアの実現ができる

設計本部
プロジェクト設計部3部
竹中さん

私は意匠設計者としてオフィスやホテルの設計を経験し、現在は教育施設やイノベーションセンターなどに携わっています。当社の意匠設計は、建物のデザインだけでなく、社会課題の探求や、建物完成後の運営など、さまざまな創造活動に携わる仕事です。実は私自身は身体障がいを持つ立場ですが、当社の支援を利用し、やりがいある仕事と無理のない私生活の両立ができています。例えばパタニティ休業を利用した子育てや、留学制度を活用した米国大学院へのデザイン留学です。留学は学費に加え、家族帯同で生活の支援もあり、ハンディキャップを持つ自分でも、充実したキャリアにつながっています。

おわりに

　本書で紹介してきた取り組みは、Diversity（多様性）、Equity（公平性）、Inclusion（包括性）の重要性にいち早く気づき、実践する企業様のケースメソッドとして、ぜひご自身の働き方や、組織に少しずつでも取り入れていただけると幸いです。

　そして、本書がこれから就職する学生の皆さんにとって、「多様な価値観を受け入れ、働きがいのある就職先を見つける」一助になれば幸いです。

　現在、多くの日本企業がDEIの推進に関心を寄せていますが、その道のりは決して平坦ではなく、多くの課題が存在するのも事実です。例えば、制度の整備だけではなく、個々人の意識や文化の変革が伴わなければ、真の意味でのDEIは実現できません。また、無意識の偏見（アンコンシャスバイアス）など、私たちの従来の価値観を変えなければ、組織も働き方も簡単には変わっていきません。

その一方、DEIの推進により、得られるメリットが大きなものであることも事実です。「多様な視点が交差することで、新たなアイデアが生まれ、イノベーションが加速する」、「公平な機会が提供されることで、個人が持つ能力を最大限に発揮できる環境が生まれる」、そして、「誰もが尊重され、包摂される職場や社会」は、私たちがより働きやすく、暮らしやすいものとなるでしょう。

　大切なのは、DEIを一人ひとりが「自分ごと」として考え、実践すること。そして、私たちがさまざまな価値観を持ち、周囲の人々と対話を重ねながら、共に成長する喜び分かち合うことなのです。

　最後になりますが、本書の制作にあたり、多くの方々から貴重なご意見やご協力をいただきました。この場を借りて、心より感謝申し上げます。

クロスメディアHR総合研究所

［著者略歴］

クロスメディアHR総合研究所（くろすめでぃあえいちあーるそうごうけんきゅうじょ）

クロスメディアグループの経営と人事をテーマにした研究機関として、調査・研究からビジネス書の執筆、採用支援、人材育成の支援まで幅広いサポートを行っている。「メディアを通じて人と企業の成長に寄与する」をミッションとし、編集とデザイン、マーケティングチームが一体となって、現場の課題を解決するためのソリューションを提供している。提案で終わりではなく、さまざまなメディアやツールを提供することで課題解決する実践力は高い評価を得ている。

こんな会社で働きたい DEI編

2025年4月1日　　初版発行

著　者　　クロスメディアHR総合研究所

発行者　　小早川幸一郎

発　行　　株式会社クロスメディア・パブリッシング
　　　　　〒151-0051 東京都渋谷区千駄ヶ谷4-20-3 東栄神宮外苑ビル
　　　　　https://www.cm-publishing.co.jp
　　　　　◎本の内容に関するお問い合わせ先：TEL(03)5413-3140／FAX(03)5413-3141

発　売　　株式会社インプレス
　　　　　〒101-0051 東京都千代田区神田神保町一丁目105番地
　　　　　◎乱丁本・落丁本などのお問い合わせ先：FAX(03)6837-5023
　　　　　service@impress.co.jp
　　　　　※古書店で購入されたものについてはお取り替えできません

印刷・製本　　株式会社シナノ